IMMERGRÜN

IMMERGRÜN

Mikkel Karstad
Fotos von Anders Schønnemann

PRESTEL
MÜNCHEN • LONDON • NEW YORK

Immergrün – das sind Pflanzen, die ihre Blätter im Winter nicht verlieren und das ganze Jahr über grün bleiben. Im Englischen bezeichnet man sie als Evergreen – ein Wort, das wir auch im übertragenen Sinne für etwas verwenden, das die Jahre überdauert und nie aus der Mode kommt. Und dass dies auf Gemüse zutrifft, dass Grünzeug in Zukunft eine immer wichtigere Rolle spielen wird – in meinem eigenen Essensuniversum, in meiner kleinen Familie, eigentlich aber im ganzen Land, auf der ganzen Welt –, daran besteht kein Zweifel.

Immer mehr Menschen achten darauf, im Alltag mehr Grünes zu essen. Viele sind dabei sehr aufgeschlossen und probieren Gemüsesorten, die sie bisher nicht kannten, erlernen neue Zubereitungsarten und erleben Gemüse auf völlig neue Art. »Ich wusste gar nicht, dass Gemüse so viel Geschmack hat« und »Fleisch habe ich bei diesem Gericht nicht vermisst« sind nur einige der Kommentare, die ich häufig höre, wenn ich Gemüsegerichte serviere.

Das Spannende an Gemüse – und das, was die Arbeit damit so inspirierend macht – ist, dass es je nach Jahreszeit und Witterungsbedingungen seinen Charakter und Geschmack verändert. Daher sollte man unbedingt berücksichtigen, was wann Saison hat. Im Mai/Juni gibt es nichts Besseres, als eine Möhre aus der Erde zu ziehen, zu waschen und roh zu essen

– ganz jung, zart, knackig und saftig. Im November dagegen, wenn die Möhre lange in der Erde und Wind und Wetter ausgesetzt war, wenn sie groß und kräftig ist und leicht süßlich schmeckt, macht sie sich besser in einer farbenfrohen Suppe, einem leckeren Püree oder im Ofen gebacken, weil so ihre fantastische Süße betont wird.

In diesem Buch habe ich verschiedene Rezepte zusammengestellt: von ganz einfachen, schnellen bis hin zu anspruchsvolleren, die etwas Zeit brauchen. Für all meine Rezepte gilt, dass man sie in einer ganz normalen Küche zubereiten kann. Ich hoffe, dass Sie durch dieses Buch Lust bekommen und sich inspirieren lassen, ganz viel leckeres Gemüse zu essen, vielleicht sogar auf eine Art und Weise zubereitet, an die Sie vorher noch gar nicht gedacht hatten.

Mikkel

Für die Produktion eines solchen Buches braucht
man viel mehr Stunden und Energie, als die meisten
sich vorstellen können. Während wir mit *Immergrün*
beschäftigt waren, wechselten die Jahreszeiten, ver-
schiedenes Gemüse hatte Saison, und das Tageslicht
veränderte sich im gleichen Takt, wie lange, helle
Sommerabende in klare Herbsttage übergingen.
Wir haben die schönsten Sonnenaufgänge gesehen,
die Ruhe an frostklaren, eiskalten Morgen genossen,
während die erste Mahlzeit des Tages über dem Feuer
zubereitet wurde.

Häufig hatte ich, wenn ich von unseren Touren
nach Hause kam, frisches Gemüse dabei, ganz
frisch geerntet. Ich bereitete es mit meinen Töchtern
Josefine und Ella zu, während ich ihnen von all dem
berichtete, was ich erlebt hatte.

Und das ist für mich beinahe das Wichtigste, was
Essen zu bewirken vermag: Es schafft magische
Momente mit fantastischen Erinnerungen. Die Nähe,
die man fühlt, während man gemeinsam eine Mahl-
zeit zubereitet, und die Freude, wenn man diese
Mahlzeit mit denen teilt, die man mag.

Dass unser drittes Buch ein vegetarisches werden
würde, lag nicht direkt auf der Hand. Fleisch und
Fisch waren immer der Dreh- und Angelpunkt
meiner Mahlzeiten, Gemüse diente dabei meist nur

als Beilage. Doch in den letzten Jahren durfte ich glücklicherweise mit vielen sehr guten Köchen zusammenarbeiten, die sich immer stärker auf Gemüse und die Verarbeitung von lokal angebauten Zutaten konzentrierten. In diesem Buch ist es Mikkel gelungen, einfache, leckere und hübsche Gemüsegerichte zuzubereiten, welche die meisten Fleischliebhaber dazu bringen werden, sich für die vegetarische Küche zu begeistern.

Mikkel, vielen Dank für die vielen denkwürdigen Stunden und nicht zuletzt für Deine Freundschaft, die ich sehr schätze.

Ich hoffe, Sie nehmen *Immergrün* mit hinaus in die Natur oder in die Küche und lassen sich inspirieren. Viel Vergnügen!

Anders

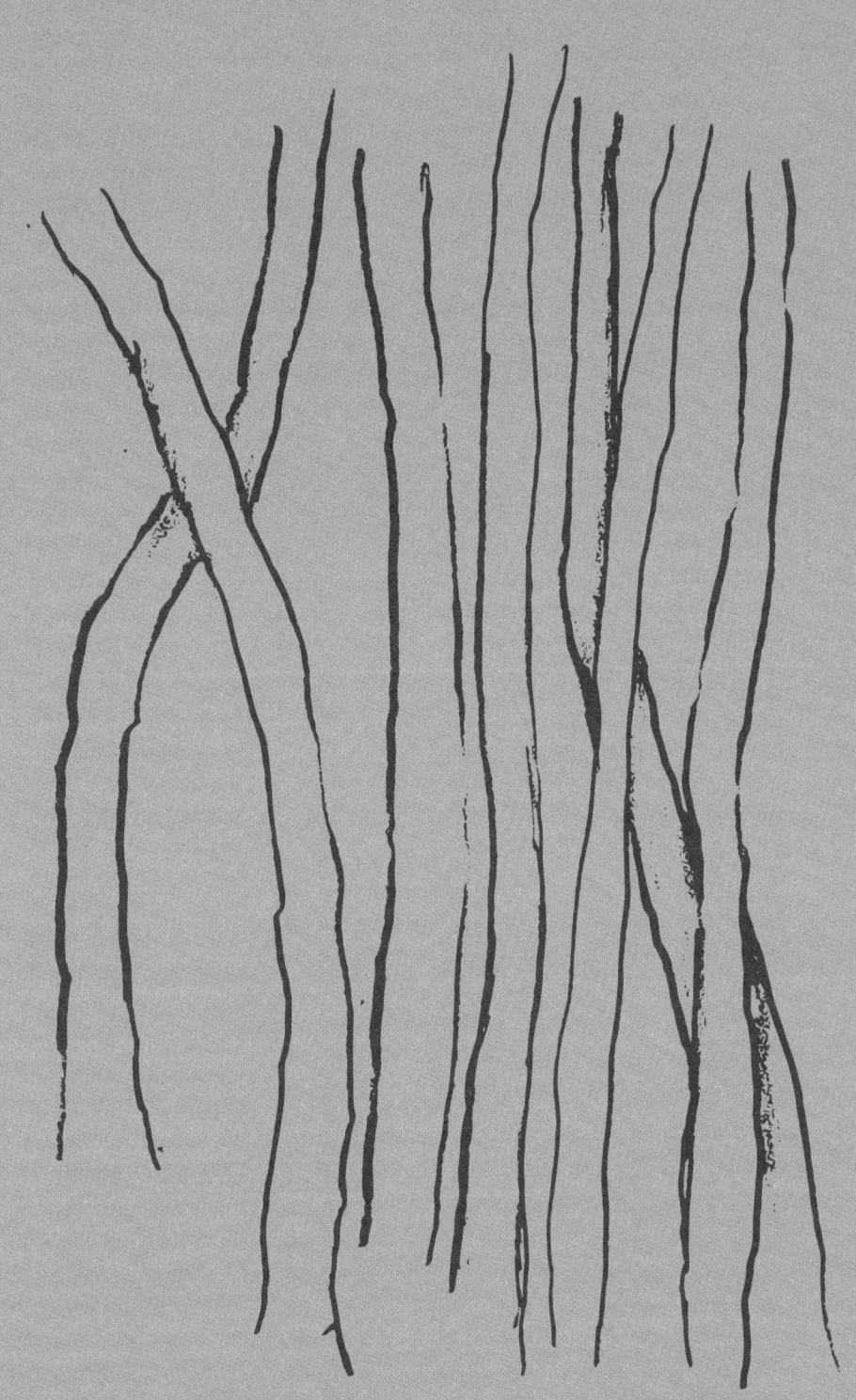

WÄLDER

Äthiopischer Kaffee
mit Brennnesseln, Sauerklee,
Buchenblättern und Fichtensprossen

4 Tassen

100 g grüne Kaffeebohnen
  (am besten äthiopische)
1 Handvoll Wildkräuter (Brennnesseln,
  Sauerklee, Buchenblätter und
  Fichtensprossen)

Eine Pfanne auf das Feuer stellen und darin die grünen Kaffee-bohnen zusammen mit den Kräutern 6–8 Minuten rösten, ohne sie zu viel zu bewegen, bis sie goldbraun sind und beginnen, ihre Schalen zu verlieren. Die Kräuter dürfen ruhig ein wenig angebrannt sein und sollten ihr Aroma und ihren Duft an die Kaffeebohnen abgegeben haben. Kaffeebohnen aus der Pfan-ne nehmen und etwas abkühlen lassen, dann mahlen und mit kochendem Wasser übergießen. Den Kaffee 4 Minuten ziehen lassen, danach zum Frühstück genießen.

In Äthiopien haben die Menschen eine sehr alte, wichtige Kaffee-tradition. Dort wurde ich inspiriert, selbst äthiopischen Kaffee zuzubereiten.

Die verschiedenen Kräuter kommen nicht nur beim Rösten der Bohnen zum Einsatz. Sie stehen auch neben der Feuerstelle, sie werden in die Glut gegeben, damit sie fantastisch duften, und tatsächlich werden auch einige Zweige in den frisch aufgebrüh-ten Kaffee gesteckt.

Spiegelei mit gebratenen Rapsblüten und Sauerklee

4 Personen

4 Eier
2 Handvoll Rapsblüten
  (oder grüner Spargel oder Spargelbrokkoli)
50 ml Olivenöl extra Vergine
Meersalz und Pfeffer aus der Mühle
Sauerklee

Rapsblüten unter kaltem Wasser abspülen. Seien Sie dabei sehr gründlich, denn häufig sitzen kleine Insekten in den Blüten (es ist wichtig, dass Sie ungespritzte Rapsblüten verwenden). Eine Pfanne auf dem Feuer erhitzen.

Etwas Öl hineingeben, die Eier in die Pfanne aufschlagen, dann die Rapsblüten neben die Spiegeleier in die Pfanne legen. Mit Meersalz und Pfeffer aus der Mühle würzen. Eier und Rapsblüten 1–2 Minuten braten, bis die Eier gestockt sind und die Rapsblüten etwas zusammenfallen, aber noch knackig sind.

Spiegeleier und Rapsblüten aus der Pfanne nehmen und auf Tellern oder auf einer Platte anrichten. Mit Sauerklee bestreuen und mit etwas Olivenöl beträufeln. Essen Sie das Gericht, solange die Spiegeleier und Rapsblüten noch heiß sind. Eine Scheibe gutes Brot passt gut dazu.

Selbst gemachter Frischkäse mit Wildkräutern und auf dem Feuer gebratener Spargel mit Brennnesseln

4 Personen

1 l Bio-Milch
2 EL Apfelessig

12 Stangen grüner Spargel
2 EL Olivenöl extra Vergine
2 Handvoll frische Brennnesselschösslinge
(oder Kräuter wie Petersilie,
Kerbel, Basilikum)
Meersalz und Pfeffer aus der Mühle
frischer Sauerklee
Buchenblätter

Die Milch in einen Topf geben und auf ca. 70 °C erhitzen. Apfelessig hinzufügen und umrühren, bis die Milch zu gerinnen beginnt und die Molke ganz klar wird. Die Käsemasse in ein mit einem Käsetuch ausgelegtes Sieb füllen, sodass die Molke abtropfen kann und die Käsemasse fest wird. Am besten den Käse 12–24 Stunden abtropfen lassen. Dann die Käsemasse aus dem Tuch nehmen und mit Salz und Pfeffer aus der Mühle abschmecken. Sie können den Frischkäse jetzt entweder mit einem Geschmack versehen oder naturell belassen.

Spargel auf dem Feuer gebraten
Die holzigen Enden der Spargelstangen abbrechen und die Stangen unter kaltem Wasser abspülen.
Gründlich abtropfen lassen. Eine alte Pfanne direkt auf das Feuer stellen, Öl in die Pfanne gießen, dann den Spargel zugeben und ihn bei starker Hitze 1–2 Minuten braten, bis er eine schöne Kruste aufweist, aber innen immer noch knackig ist. Brennnesselschösslinge hinzufügen und 10–20 Sekunden braten. Mit Meersalz und Pfeffer aus der Mühle würzen. Dann den Spargel aus der Pfanne nehmen und mit Frischkäse, etwas Olivenöl, frischem Sauerklee und Buchenblättern servieren.

Kräuterbutter und Brot

4 Personen

100 g weiche Butter
50 g gemischte Wildkräuter (Knoblauchsrauke
  Buchenblätter, Sauerklee und Fichtensprossen)
½ unbehandelte Zitrone
Meersalz und Pfeffer aus der Mühle
ein gutes Weizenbrot vom Vortag

Die Oberfläche des Brotes leicht mit Wasser begießen und das Brot auf einem heißen Stein oder einem Stück Holz im Feuer liegen lassen, bis es innen erwärmt ist und eine knusprige, leicht angebrannte Kruste hat. Behalten Sie das Brot immer im Blick und wenden Sie es einige Male, während Sie die Butter zubereiten.

Weiche Butter in eine Schüssel füllen. Wildkräuter unter Wasser abspülen, gründlich abtropfen lassen und grob hacken. Gehackte Kräuter zur Butter geben, Zitronenschale fein abreiben und ebenfalls hinzufügen, dann das Ganze mit einem Holzlöffel gründlich zu einer homogenen Buttermasse vermengen. Mit Meersalz und Pfeffer aus der Mühle abschmecken. Das Brot aus dem Feuer holen und große Stücke davon abbrechen. Mit Butter bestreichen, solange das Brot noch warm ist, und sofort genießen.

Kaltschale mit Sauerklee und Fichtensprossen, dazu Kammerjunker mit Sauerklee

4 Personen

3 Bio-Eier
50 g Rohrzucker
½ Vanilleschote
1 l Bio-Buttermilch
100 ml Dickmilch
½ unbehandelte Zitrone
6–8 kleine hellgrüne Fichtensprossen
1 Handvoll Sauerklee

100 g Rohrzucker
250 g weiche Butter
1 Vanilleschote
1 Ei
100 ml Milch
1 EL Backpulver
500 g Mehl
1 Handvoll Sauerklee

Eier trennen, Eigelbe in eine Schüssel geben (Eiweiß für ein anderes Gericht im Kühlschrank aufbewahren). ½ Vanilleschote längs aufschneiden und das Mark herauskratzen. Zusammen mit dem Zucker zum Eigelb geben (die aufgeschnittene Schote kommt später dazu) und schaumig rühren, bis die Masse weiß und cremig ist. Buttermilch und Dickmilch angießen und gründlich mit der Eimasse vermengen. Zitronenschale fein abreiben, Saft auspressen. Die Creme mit Zitronenabrieb und -saft abschmecken, die aufgeschnittene Vanilleschote hinzufügen und die Kaltschale in den Kühlschrank stellen, damit das Aroma durchziehen kann. Vor dem Servieren mit Sauerklee garnieren.

Kammerjunker

In einer Schüssel Zucker und Butter verrühren. Vanilleschote aufschneiden und das Mark herauskratzen. Mark und Schote zur Buttermasse geben. Ei hinzufügen und alles gründlich verquirlen. Milch angießen und zu einer glatten Masse verrühren. Backpulver und Mehl in kleineren Portionen unterrühren, sodass Sie einen festen, dichten Teig erhalten. Sauerklee hacken und unter den Teig kneten. Den Teig 10–15 Minuten ruhen lassen, damit das Aroma des Sauerklees schön durchzieht.

Den Teig auf die bemehlte Arbeitsfläche legen, in 8 Stücke teilen und diese zu dünnen Würsten rollen. Die Teigwürste in 1 cm dicke Scheiben schneiden, die Scheiben zu Kugeln formen. Die Kugeln auf ein mit Backpapier ausgelegtes Backblech legen. Achten Sie darauf, dass zwischen den Kugeln ein bisschen Abstand bleibt, weil sie beim Backen etwas aufgehen. Die Kammerjunker bei 170 °C 14–16 Minuten backen, bis sie knusprig und goldbraun sind. Dann aus dem Ofen nehmen und abkühlen lassen. In einer Dose oder einem luftdicht verschließbaren Gefäß aufbewahren.

ZUCCHINI

Eingelegte Zucchini mit Koriandersaat, Curry, Fenchelsaat und Limettenblättern

4 Personen

200 ml Apfelessig
200 ml Wasser
90 g Zucker
1 EL Currypulver
1 TL Koriandersaat
1 TL Fenchelsaat
5 Limettenblätter
1 TL grobes Salz
1 Handvoll Eisenkraut
4 Zucchini

Essig, Wasser, Zucker, Gewürze und Kräuter in einem Topf zum Kochen bringen. Den Sud vom Herd nehmen, sobald er kocht.

Zucchini unter kaltem Wasser waschen und in hauchdünne Scheiben schneiden. Verwenden Sie gegebenenfalls eine Mandolinenreibe. Zucchinischeiben in ein Einmachglas oder eine Schüssel füllen und mit dem heißen Sud bedecken. Lassen Sie die Zucchini mindestens ein paar Stunden lang im Kühlschrank ziehen, bevor Sie sie verwenden. Sie halten sich ein paar Wochen lang.

Verwenden Sie die Zucchinischeiben in einem Salat oder als Beilage zu Aufschnitt, kaltem Fleisch oder einem Stück gegrilltem Fisch oder Geflügel.

Risotto mit Zucchini und Minze

4 Personen

1 Schalotte
25 g Butter
300 g Risottoreis
100 ml Weißwein
1 l Gemüsebrühe
Salz und Pfeffer aus der Mühle
6–8 kleine Zucchini mit Blüten
  (oder eine große Zucchini)
40 g kalte Butter
50 g Parmesan
1 unbehandelte Zitrone
½ Bund frische Minze

Schalotte schälen und sehr fein hacken. In einen Topf mit dickem Boden Butter erhitzen und die Schalotten darin 1–2 Minuten anschwitzen, bis sie glasig sind. Dann den Reis hinzufügen und ebenfalls ein paar Minuten anschwitzen, bis er die Butter aufgenommen hat. Mit dem Weißwein ablöschen und einkochen lassen.

Gemüsebrühe aufkochen und in kleinen Portionen hinzufügen, gerade so viel, dass der Reis die ganze Zeit bedeckt ist. Den Reis immer wieder umrühren, damit er nicht am Topfboden anbrennt. Das Risotto 15–17 Minuten kochen, bis der Reis weich ist, aber noch Biss hat. Es ist wichtig, dass Sie beim Kochen mit Salz und Pfeffer aus der Mühle würzen.

Zucchiniblüten vorsichtig abspülen und in kleinere Stücke zerteilen. Als Dekoration zur Seite stellen. Zucchini waschen, klein schneiden und zum Risotto geben. Umrühren. Das Risotto vom Herd nehmen, Butter in kleinen Würfeln und geriebenen Parmesan hinzufügen. Gut verrühren, bis das Risotto sämig und cremig ist. Zitronenschale fein abreiben, Saft auspressen. Das Risotto mit Zitronenabrieb und -saft, noch etwas Salz und Pfeffer abschmecken. Frische Minze hacken und unter das Risotto heben.

Zum Schluss das heiße Risotto auf Tellern anrichten (es sollte mild schmecken und eine cremige Konsistenz haben) und mit Minze, etwas geriebenem Parmesan und Zucchiniblüten garnieren. Sofort servieren, ehe es zu fest wird.

Ganze gebackene Zucchini im Fladenbrot mit eingelegten roten Zwiebeln, Kräutern und gerösteten Samen

Ganze gebackene Zucchini im Fladenbrot mit eingelegten roten Zwiebeln, Kräutern und gerösteten Samen

4 Personen

4 Zucchini
10 Zweige Thymian
Salz und Pfeffer aus der Mühle
50 ml Olivenöl extra Vergine
1 unbehandelte Zitrone
4 Handvoll gemischte Kräuter
  (Basilikum, Petersilie, Minze und
  Kohlsprösslinge/Blüten)

2 rote Zwiebeln
etwas Salz und Zucker
50 ml Apfelessig

Zucchini unter kaltem Wasser waschen und in eine feuerfeste Form legen. Mit Thymian, Salz und Pfeffer aus der Mühle würzen und mit etwas Olivenöl beträufeln. Zucchini im Ofen bei 220 °C 20–25 Minuten backen, bis sie leicht angebrannt und weich sind und zusammenfallen. Zucchini aus dem Ofen nehmen und abkühlen lassen.

Zitronenschale abreiben, Saft auspressen. Zucchini in größere Stücke schneiden und in einer Mischung aus Zitronenabrieb, -saft und Olivenöl marinieren. Die Zucchinistücke auf lauwarmem Fladenbrot mit eingelegten roten Zwiebeln, Kräutern und gerösteten Samen anrichten.

Eingelegte rote Zwiebeln

Rote Zwiebeln schälen, halbieren und in dünne Scheiben schneiden. In eine Schüssel füllen, mit etwas Salz und Zucker bestreuen und mit Essig begießen. Gründlich umrühren.

Zwiebeln 15–20 Minuten marinieren, bis sie leicht zusammenfallen. Die Schärfe der Zwiebeln verschwindet, aber sie sind immer noch knackig. Sie können die Zwiebeln auch länger ziehen lassen.

2 EL Buchweizen

2 EL Sesamsaat

2 EL Leinsamen

10 g Hefe

200 ml Wasser

100 ml Naturjoghurt

300 g Weizenmehl

100–150 g feines Maismehl

Salz

Olivenöl extra Vergine zum Braten

Geröstete Samen

Die Samen in eine trockene Pfanne geben und bei mittlerer
Hitze rösten, bis sie etwas Farbe annehmen und duften.

Gebratenes Fladenbrot

Hefe in Wasser auflösen, Joghurt und danach etwas Mehl
hinzufügen, bevor Sie das Salz zugeben, da das Salz sonst die
Hefezellen zerstören könnte. Dann das restliche Mehl sowie
das Maismehl hinzufügen und den Teig gründlich durchkneten,
bis er glatt und geschmeidig ist und sich aus der Schüssel löst.
Den Teig ca. 1 Stunde in der Schüssel gehen lassen, bis sein
Volumen sich verdoppelt hat.

Dann den Teig auf eine bemehlte Arbeitsfläche geben, daraus
10–12 kleine Kugeln formen und diese zu dünnen Fladen, fast wie
Pfannkuchen, ausrollen. In einer heißen Pfanne die Fladen nach
und nach 1–2 Minuten von jeder Seite in etwas Olivenöl braten,
sodass sie auf beiden Seiten knusprig und goldbraun werden.
Mit etwas Meersalz bestreuen, dann mit den gebackenen
Zucchini genießen.

Salat aus gegrillten Zucchini und Radicchio, mit Cashewkernen, Estragon und Senfdressing

4 Personen

2 Zucchini
Salz und Pfeffer aus der Mühle
1 Radicchio
50 ml Apfelessig
1 EL grober Senf
1 TL Akazienhonig
100 ml Olivenöl extra Vergine
25 g Cashewkerne
1 Bund Estragon, eventuell mit Blüten,
    oder andere essbare Blüten

Zucchini in kaltem Wasser waschen, längs halbieren und in größere Stücke schneiden. In etwas Olivenöl und Salz wenden. Auf einem heißen Grill oder in einer Grillpfanne auf dem Herd die Zucchini 1–2 Minuten von jeder Seite braten, bis sie ein schönes Grillmuster, aber immer noch Biss haben. Dann die Zucchini vom Herd oder Grill nehmen und in eine Schüssel füllen. Mit etwas Salz und Pfeffer aus der Mühle würzen.

Radicchio in größere Stücke zerteilen und in kaltem Wasser waschen. Gründlich abtropfen lassen. Essig, Salz, Pfeffer aus der Mühle, Senf, Honig und zuletzt das Öl zu einem dickflüssigen Dressing verrühren. In einer trockenen Pfanne die Cashewkerne ein paar Minuten rösten, bis sie duften und etwas Farbe angenommen haben. Dann die Kerne aus der Pfanne nehmen und abkühlen lassen. Grob hacken.

Gegrillte Zucchinistücke mit Radicchiostücken, Cashewkernen und dem Dressing vermengen, auf einer Platte anrichten und mit reichlich Estragon bestreuen.

Sandwich mit gebratenen Zucchiniblüten, Spiegelei, Tomaten-Chili-Salsa und Thymian

4 Personen

1 Zucchini
8–12 Zucchiniblüten
7–8 Zweige Thymian
50 ml Olivenöl extra Vergine
Salz und Pfeffer aus der Mühle
8 Scheiben gutes Weizenbrot

4 Eier

4 reife Tomaten
1 frische rote Chilischote
1 EL Honig
1 TL geräuchertes Paprikapulver
2 EL Apfelessig
2 EL Olivenöl extra Vergine
Salz und Pfeffer aus der Mühle

Zucchini unter kaltem Wasser abspülen und in Scheiben schneiden. Zucchiniblüten halbieren und auf Insekten oder Erde untersuchen.

In einer Pfanne etwas Öl erhitzen. Zucchinischeiben und -blüten mit Thymian bei starker Hitze kurz braten, bis sie etwas Farbe bekommen haben, aber immer noch knusprig sind. Mit Salz und Pfeffer aus der Mühle würzen.

Zucchinischeiben und -blüten aus der Pfanne nehmen. Anschließend die 4 Eier in die Pfanne schlagen. Spiegeleier 2–3 Minuten braten und mit Salz und Pfeffer aus der Mühle würzen.

Die Brotscheiben in einem Toaster oder einer Grillpfanne knusprig und goldbraun rösten. Brotscheiben mit gebratenen Zucchinischeiben, Zucchiniblüten, Tomaten-Chili-Salsa und Spiegelei anrichten und mit Salz und Pfeffer aus der Mühle würzen. Sofort servieren, solange das Brot noch warm und knusprig ist.

Tomaten-Chili-Salsa

Tomaten waschen und fein würfeln. Chilischote längs halbieren, Kerne entfernen.

In einem Topf Honig erhitzen, bis dieser zu kristallisieren beginnt. Geräuchertes Paprikapulver, Tomatenwürfel und Chilischote hinzufügen und ein paar Minuten erhitzen. Dann Essig, Öl, Salz und Pfeffer aus der Mühle hinzufügen und gut verrühren. Den Topf vom Herd nehmen, damit die Salsa sich ein wenig setzen kann, ohne dass die Tomaten ihre Form und Frische verlieren.

ERBSEN

Erbsenpüree auf gegrilltem Brot mit Ziegenkäse, Basilikum und Blüten

4 Personen

1 kg Erbsen (ca. 300 g ausgepaltes Gewicht)
25 g Mandeln oder Haselnüsse
1 unbehandelte Zitrone
50 ml Olivenöl extra Vergine
½ Bund frisches Basilikum
Salz und Pfeffer aus der Mühle
4–8 Scheiben Brot
Olivenöl extra Vergine
60 g Ziegenkäse
ein paar Erbsensprossen oder essbare Blüten

Erbsen auspalen und in kochendem Wasser ½–1 Minute blanchieren, bis sie weich sind, aber immer noch ihre Farbe und Frische haben. Dann die Erbsen direkt in kaltes Wasser geben, damit sie nicht weiter garen.

Zitronenschale fein abreiben. In einer Küchenmaschine die Erbsen mit Mandeln, Zitronenabrieb, Olivenöl, der Hälfte des Basilikums, Salz und Pfeffer aus der Mühle zu einem groben Püree verarbeiten. Das Erbsenpüree in eine Schüssel geben.

Eine Grillpfanne erhitzen. Brotscheiben mit Olivenöl beträufeln und mit etwas Meersalz bestreuen. Die Brote grillen, bis sie knusprig sind und auf beiden Seiten ein hübsches Grillmuster haben.

Dann aus der Pfanne nehmen und auf eine Platte oder auf Teller legen. Das Erbsenpüree auf die Brotscheiben streichen, Ziegenkäse darüber zerbröseln und zuletzt mit den Basilikumblättern sowie mit ein paar Erbsensprossen oder essbaren Blüten bestreuen.

Kalte Erbsensuppe mit gebratenen Rapsblüten, Erbsen und Bronzefenchel

4 Personen

1 kg Erbsen (ca. 300 g ausgepaltes Gewicht)
1 unbehandelte Zitrone
100 ml Milch
3–4 Stiele Bronzefenchel
100 ml Naturjoghurt (10 %)
Salz und Pfeffer aus der Mühle
100 ml Olivenöl extra Vergine
16–20 Rapsblüten

Erbsen auspalen. In einem Topf Wasser mit Salz zum Kochen bringen. Erbsen 1–2 Minuten blanchieren, bis sie weich, aber immer noch frisch und grün sind. Eine Handvoll Erbsen zur Seite stellen, 200–300 ml des Kochwassers aufheben.

Zitronenschale fein abreiben. In einem Mixer die Erbsen mit Zitronenabrieb, Milch, der Hälfte des Bronzefenchels, Joghurt, 200 ml Erbsenwasser, Salz und Pfeffer aus der Mühle zu einer glatten, grünen Suppe pürieren. Die Suppe in eine große Schüssel gießen. Mit einer großen Oberfläche kühlt die Suppe schnell ab.

Rapsblüten in kaltem Wasser abspülen und gründlich abtropfen lassen. In einer Pfanne etwas Olivenöl erhitzen und die Rapsblüten darin braten – eventuell in zwei Portionen, damit sie nicht zu viel Wasser abgeben und in der Pfanne kochen. Bei starker Hitze 1–2 Minuten braten, zwischendurch wenden. Mit Salz und Pfeffer aus der Mühle würzen. Dann die Rapsblüten herausnehmen, wenn sie noch ein bisschen knackig sind.

Rapsblüten auf Tellern anrichten. Die kalte Erbsensuppe mit einem Schneebesen oder Pürierstab aufschäumen und anschließend über die warmen Blüten gießen. Mit den restlichen Erbsen und Bronzefenchelstängeln garnieren, mit Olivenöl beträufeln und die Suppe sofort servieren.

Omelett mit Erbsen, neuen Kartoffeln, Erbsensprossen und Erbsenpulver

4 Personen

6 Eier
200 ml Milch
Salz und Pfeffer aus der Mühle
300 g gekochte neue Kartoffeln
2 EL Olivenöl extra Vergine
200 g Erbsen (ausgepaltes Gewicht)
1 Schalotte
20 g getrocknete grüne Erbsen
  (oder gelbe Erbsen)
2 Handvoll Erbsensprossen
½ Bund frisches Basilikum

Eier in eine Schüssel aufschlagen, Milch, Salz und Pfeffer aus der Mühle hinzufügen und verquirlen. Die gekochten Kartoffeln klein schneiden. In einer für den Ofen geeigneten Pfanne Öl erhitzen, die Kartoffelstücke hineingeben und 3–4 Minuten braten, bis sie ein wenig Farbe angenommen haben. Mit Salz und Pfeffer würzen.

Die frischen Erbsen zu den Kartoffeln geben und das Ganze mit der Eiermasse begießen. Die Eiermasse kurz stocken lassen, dann die Pfanne in den Ofen stellen. Bei 180 °C das Omelett etwa 15 Minuten braten, bis die Eiermasse vollständig gestockt und die Oberfläche goldgelb ist.

Schalotte schälen und in hauchdünne Scheiben schneiden. In einem Mörser oder einer Kräutermühle die getrockneten Erbsen zu einem feinen Pulver mahlen. Die Pfanne aus dem Ofen nehmen (Achtung, der Griff ist sehr heiß!) und das Omelett auf eine Platte rutschen lassen.

Auf dem Omelett Erbsensprossen, abgezupfte Basilikumblätter und Schalotten wie einen Salat anrichten und mit etwas Salz und Erbsenpulver bestreuen. Zum Omelett am besten ein gutes Brot servieren.

Erbsenfalafel mit Minze, Koriander, Zitrone und Joghurt

4 Personen

150 g Kichererbsen
1 Bund frische Minze
1 Bund frischer Koriander
1 Bund frisches Basilikum
50 g Erbsen (ausgepaltes Gewicht)
1 Knoblauchzehe
1 Kartoffel (ca. 50 g)
1 TL Kreuzkümmel
½ TL getrockneter Chili
1 unbehandelte Zitrone
½ TL Backpulver
Salz und Pfeffer aus der Mühle
2 l Traubenkernöl
200 g Naturjoghurt

Kichererbsen über Nacht in kaltem Wasser einweichen.

Kräuter waschen und abtropfen lassen. Dann die Blätter abzupfen. Knoblauch hacken, Kartoffel reiben, Zitronenschale fein abreiben. Eingeweichte Kichererbsen, grüne Erbsen, die Hälfte der Kräuter, gehackten Knoblauch, die geriebene Kartoffel, Kreuzkümmel, Chili, Zitronenabrieb und Backpulver in einer Küchenmaschine zu einer gleichmäßigen Masse verarbeiten. Mit Salz und Pfeffer aus der Mühle würzen.

Falafelmasse in eine Schüssel füllen und für 1 Stunde in den Kühlschrank stellen, damit sie sich setzen kann. In einem Topf das Traubenkernöl erhitzen. Achten Sie darauf, dass es nicht zu heiß wird, sondern nur rund um einen Zahnstocher, den Sie in das Öl halten, zu sieden beginnt.

Aus der Masse mit 2 Löffeln Falafel formen, dann nach und nach immer 5–6 Stück auf einmal vorsichtig in das heiße Öl geben, damit sie gleichmäßig braten und nicht zusammenkleben. Mit einem Schaumlöffel die gebratenen Falafeln herausnehmen und auf einem Stück Küchenpapier abtropfen lassen. Sofort mit Salz bestreuen.

Joghurt mit etwas Zitronenabrieb und Pfeffer aus der Mühle vermengen und zusammen mit den restlichen Kräutern zu den Falafeln anrichten.

Gebratene Erbsen mit Parmesan, Pilzen und Nüssen

4 Personen

500 g kleine junge Bio-Erbsen
 (nicht ausgepalt, die Schoten werden
 ebenfalls verarbeitet)
300 g Pilze (Pfifferlinge, Röhrlinge
 und Holzraslinge)
2 EL Olivenöl extra Vergine
25 g Butter
Salz und Pfeffer aus der Mühle
1 unbehandelte Zitrone
40 g Haselnüsse
40 g frischer Parmesan
ein paar gemischte Kräuter, z. B. Basilikum,
 Estragon und Kerbel

Erbsen in kaltem Wasser abspülen und gründlich abtropfen lassen. Erbsenschote längs halbieren und den Faden auf der Oberseite abziehen. Die Erbsen sollten dabei in der Schote bleiben.

Pilze putzen, je nach Größe klein schneiden. In einer Pfanne Öl erhitzen und Pilze hineingeben. 2–3 Minuten braten, bis sie leicht zusammenfallen und Farbe annehmen. Die Erbsen zusammen mit der Butter hinzufügen und alles gut vermengen, damit die Butter schmilzt und sich um die Erbsen und Pilze verteilt. Nur 1–2 Minuten braten, damit die Erbsen heiß werden, aber immer noch frisch und knackig sind. Zitronenschale fein abreiben. Das Gericht mit Salz, Pfeffer aus der Mühle und Zitronenabrieb würzen.

Haselnüsse hacken, Parmesan reiben. Pilze und Erbsen auf Tellern anrichten, mit Parmesan, Haselnüssen und gemischten Kräutern bestreuen. Zu dem Gericht ein gutes Brot servieren.

BOHNEN

Drei verschiedene Bohnen mit Sojasoße, Sesam, Tang, Koriander und Minze

4 Personen

300 g Schnittbohnen
200 g grüne Bohnen
100 g Ackerbohnen (ausgepaltes Gewicht)
50 ml Sojasoße
50 ml Apfelessig
1 EL Honig
50 ml Olivenöl extra Vergine
3 EL Sesamsaat
25 g getrockneter Tang
½ Bund frischer Koriander,
  am besten mit Blüten,
½ Bund frische Minze

Grüne Bohnen waschen und die Enden kappen. Dann in kleinere Stücke schneiden. Ackerbohnen auspalen und in eine Schüssel füllen.

In einem Topf Wasser mit etwas Salz zum Kochen bringen, zunächst die grünen Bohnen und die Schnittbohnen hineingeben und 1 Minute kochen, bis sie weich sind, aber noch reichlich Biss haben. Dann die Bohnen herausnehmen und direkt in kaltes Wasser geben, damit sie nicht weiter garen. Jetzt die Ackerbohnen ins Wasser geben und 30 Sekunden kochen. Und ebenfalls direkt in kaltem Wasser abschrecken, damit sie knackig bleiben und ihre schöne grüne Farbe erhalten bleibt. Die Bohnen abgießen und abtropfen lassen.

In einem kleinen Topf Sojasoße, Essig und Honig zum Kochen bringen. 4–5 Minuten kochen lassen, bis die Soße etwas eindickt, dann vom Herd nehmen. Öl hinzufügen, während Sie mit einem Schneebesen ständig rühren, bis das Dressing eine feine Konsistenz hat. Sesam hinzufügen und das Dressing leicht abkühlen lassen.

Den Tang in kaltem Wasser 5–10 Minuten einweichen, bis er etwas weicher ist, aber immer noch Biss hat. In kleinere Stücke teilen und mit den Bohnen vermengen.

Das Dressing über die Bohnen geben, alles gründlich mischen, dann die Bohnen in einer Schüssel anrichten. Koriander und Minze abzupfen und reichlich Kräuter über die Bohnen geben. Sofort servieren, solange die Bohnen noch frisch und knackig sind.

Gegrillte Schnittbohnen mit lauwarmer Vinaigrette aus Pfifferlingen, Aprikosen, jungen Zwiebeln und Estragon

4 Personen

600 g Schnittbohnen
100 g Pfifferlinge
4 neue rote Zwiebeln mit Grün
100 g Apfelessig
1 EL Akazienhonig
4–6 Aprikosen
100 ml Olivenöl extra Vergine
Salz und Pfeffer aus der Mühle
½ Bund frischer Estragon

Die Enden der Bohnen kappen. Bohnen in kaltem Wasser abspülen, gründlich abtropfen lassen und halbieren. Dann in kochendem Wasser 30 Sekunden blanchieren und direkt in kaltes Wasser geben. Bohnen in ein Sieb abgießen und gründlich abtropfen lassen.

Vinaigrette

Pfifferlinge putzen, je nach Größe klein schneiden. Bei den Zwiebeln den Strunk und nicht mehr frisches Grün abschneiden. Je nach Größe längs in 4 oder 8 Stücke schneiden.

In einer Pfanne etwas Öl erhitzen und darin die Pfifferlinge 2–3 Minuten braten, bis sie leicht zusammenfallen. Dann die Zwiebeln hinzufügen, Essig und Honig zugeben und das Ganze zügig aufkochen lassen, bis die Zwiebeln etwas Hitze bekommen haben, aber immer noch knackig sind. Jetzt die Pfanne vom Herd nehmen.

Aprikosen vierteln und zu den Zwiebeln und Pfifferlingen in die Pfanne geben. Das Ganze vorsichtig umrühren, mit Salz und Pfeffer aus der Mühle würzen. Das Dressing 5 Minuten stehen und durchziehen lassen, dann erst das Olivenöl hinzufügen.

Die Bohnen in etwas Öl wälzen und auf einem heißen Grill oder in einer Grillpfanne 1–2 Minuten von jeder Seite braten, bis sie ein schönes Grillmuster, aber immer noch Biss haben.

Auf einer Platte oder einem großen Teller anrichten, mit dem lauwarmen Dressing begießen und mit Estragon bestreuen. Sofort servieren, solange die Bohnen noch heiß sind.

Getreiderisotto mit Ackerbohnen, Basilikum, Brunnenkresse, Frischkäse und Hartkäse

4 Personen

100 g Perlgraupen
800 ml Wasser oder Gemüsebrühe
200 g Ackerbohnen (ausgepaltes Gewicht)
10 g Butter
2 EL Frischkäse
50 g geriebener Hartkäse (z. B. Pecorino
   oder Parmesan)
1 Topf Brunnenkresse
1 Bund frisches Basilikum
1 unbehandelte Zitrone
Salz und Pfeffer aus der Mühle

Perlgraupen mit Wasser oder Brühe in einen Topf geben. Aufkochen, dann 20–25 Minuten köcheln lassen. Achten Sie darauf, dass die Graupen die ganze Zeit mit Wasser oder Brühe bedeckt sind.

Ausgepalte Ackerbohnen in kochendem Wasser ca. 10 Sekunden blanchieren, dann direkt in kaltes Wasser geben, damit sie knackig und schön grün bleiben.

Die wachsähnliche Haut entfernen, sodass nur die reinen Bohnen bleiben. Sie ist nämlich häufig leicht zäh und bitter. Die Bohnen in eine Schüssel füllen.

Wenn die Perlgraupen weich sind und die Brühe eingekocht ist, Butter, Frischkäse, Hartkäse, Bohnen und reichlich gehackte Brunnenkresse und Basilikum hinzufügen. Zitronenschale fein abreiben. Mit Salz, Pfeffer aus der Mühle und Zitronenabrieb abschmecken.

Das Getreiderisotto sofort servieren, solange es noch weich und cremig ist. Wenn es zu lange steht, setzt es sich und wird zu fest. Sie können es dann mit etwas zusätzlicher Brühe verdünnen.

Pasta mit Bohnen,
Haselnüssen und Parmesan

4 Personen

300 g Bohnen (am besten grüne Bohnen,
Schnittbohnen und Ackerbohnen)
50 ml Olivenöl extra Vergine
2 Knoblauchzehen
40 g Haselnüsse
Salz und Pfeffer aus der Mühle
400 g frische Pasta
50 g frisch geriebener Parmesan
1 unbehandelte Zitrone

Die Bohnen an den Enden kappen, unter kaltem Wasser abspülen und abtropfen lassen. Anschließend in sehr kleine Stücke
schneiden und in eine Schüssel geben.

In einem Topf mit dickem Boden etwas Öl erhitzen, die ganzen
Knoblauchzehen hineingeben, 1–2 Minuten ziehen lassen, bis das
Öl das Knoblaucharoma angenommen hat. Dann die vorberei-
teten Bohnen hinzufügen und 1–2 Minuten braten, sodass sie nur
kurz erhitzt werden und noch knackig sind. Haselnüsse hacken
und zu den Bohnen geben. Umrühren, mit Salz und Pfeffer aus
der Mühle würzen.

In einem anderen Topf Wasser mit Salz zum Kochen bringen.
Die Pasta ins kochende Wasser geben und al dente kochen. Das
dauert bei frischer Pasta 3–4 Minuten.

Pasta abgießen und in den Topf zu den Bohnen und Haselnüssen
geben. Zitronenschale fein abreiben. Die Hälfte des Parmesan
und Zitronenabrieb hinzufügen. Das Ganze gründlich vermengen, eventuell mit noch etwas Salz und Pfeffer aus der Mühle
abschmecken.

Sofort in einer Schüssel oder in tiefen Tellern servieren, mit
Parmesan bestreuen.

Frittierte Bohnen mit »Asche«, Zitronenabrieb und Kardamomjoghurt

Frittierte Bohnen mit »Asche«, Zitronenabrieb und Kardamomjoghurt

4 Personen

400 g grüne Bohnen
2 Eier
100 g Panko-Paniermehl
2 EL Olivenöl extra Vergine
400 ml Naturjoghurt
1 TL zerstoßener Kardamom
1 unbehandelte Zitrone
1 TL Akazienhonig
Salz und Pfeffer aus der Mühle
2 l Traubenkernöl

Bohnen unter kaltem Wasser abspülen und eventuell die Enden abschneiden. Eier in eine Schüssel aufschlagen, verquirlen. Die Bohnen zunächst in Ei, dann in dem Panko-Paniermehl wälzen, sodass sie rundum bedeckt sind.

Öl in einem Topf vorsichtig auf 150 °C erhitzen. Das Öl hat die richtige Temperatur, wenn es rund um einen Zahnstocher, den Sie ins Öl halten, siedet. Bohnen in mehreren Portionen frittieren, damit sie schön knusprig werden und das Öl nicht zu stark abkühlt.

Dann aus dem Öl nehmen und auf einem Stück Küchenpapier abtropfen lassen. Mit etwas grobem Salz würzen.

Zitronenschale abreiben, Saft auspressen. Joghurt mit Kardamom, etwas Zitronensaft, Honig, Salz und Pfeffer aus der Mühle verrühren.

Die knusprigen Bohnen in einer Schüssel mit einem Klecks Joghurt, etwas Zitronenabrieb, ein paar Tropfen Olivenöl und einer Prise »Asche« anrichten. Sie können die Bohnen als kleine Vorspeise oder als Snack zum Drink servieren.

5 Frühlingszwiebeln

Asche

Sie benötigen nur das Grün der Frühlingszwiebeln. Den Rest für ein anderes Rezept aufheben. Das Grün der Frühlingszwiebeln abschneiden und unter kaltem Wasser abspülen. Gründlich abtropfen lassen.

Auf einem mit Backpapier ausgelegten Backblech bei 220 °C im Ofen backen, bis das Zwiebelgrün vollständig verbrannt und trocken ist. Etwas abkühlen lassen, dann in einen Mixer füllen und zu einem feinen schwarzen Pulver (»Asche«) mahlen.

Die Asche in einem luftdicht verschließbaren Behälter aufbewahren. Sie hält sich lange, und man braucht immer nur sehr wenig davon.

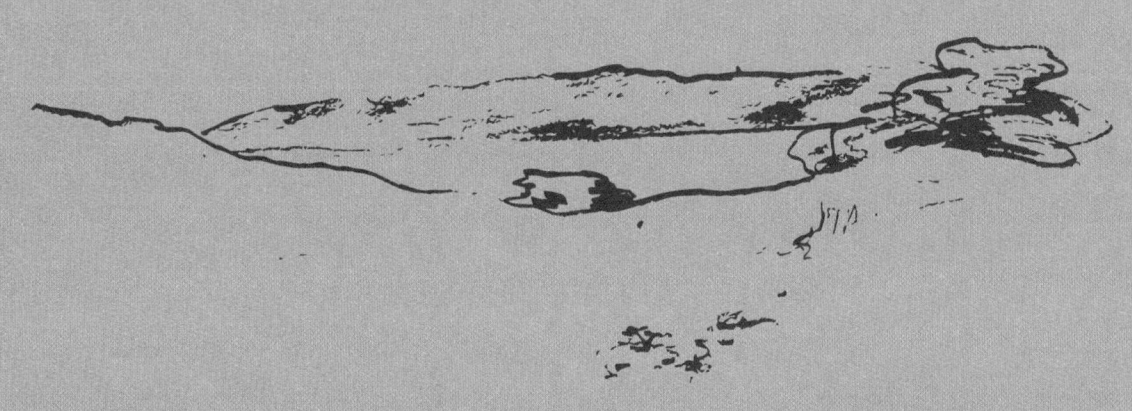

WIESEN

Kräutersuppe mit pochiertem Ei, M'hamsa und gesalzener Zitrone

4 Personen

75 g M'hamsa (handgerollter Couscous)
Salz und Pfeffer aus der Mühle
50 ml Olivenöl extra Vergine
3 Schalotten
1 Knoblauchzehe
2 große Bund frische Kräuter
   (Petersilie, Estragon, Basilikum,
   Majoran oder Schnittlauch)
600 ml kochendes Wasser
4 Eier
¼ gesalzene Zitrone (siehe Rezept S. 199)

M'hamsa in einen kleinen Topf geben, mit Salz und Pfeffer aus der Mühle würzen. 2 EL Olivenöl hinzufügen und kochendes Wasser angießen, bis der Couscous bedeckt ist. 10 Minuten ziehen lassen.

Schalotten und Knoblauch schälen und fein hacken. Einen Topf auf den Grill stellen und die Hälfte des restlichen Öls hineingeben. Gehackte Schalotten und Knoblauch ein paar Minuten glasig anschwitzen.

Kräuter waschen und grob hacken. Dann in den Topf geben und kurz mit anschwitzen. Kochendes Wasser angießen, mit Salz und Pfeffer aus der Mühle würzen und die Suppe 3–4 Minuten kochen lassen, bis die Kräuter weich sind, aber immer noch frisch schmecken.

In einem weiteren Topf Wasser mit Salz zum Kochen bringen, die Eier einzeln in Tassen aufschlagen. Es ist wichtig, dass sie ganz frisch sind. Jedes Ei mit Salz und Pfeffer aus der Mühle würzen. Im Wasser einen kleinen Wirbel verursachen, in die Mitte ein Ei geben, sodass es sich im Wirbel dreht, während sich das Eiweiß um das Eigelb legt. So erhalten Sie ein hübsches pochiertes Ei. Das Ei ca. 3 Minuten pochieren, bis das Eiweiß gestockt ist. Das Eigelb sollte immer noch flüssig sein. Dann das Ei herausnehmen und die anderen Eier genauso pochieren.

Den Topf mit der M'hamsa-Suppe zurück auf den Grill stellen und erhitzen. Mit Salz und Pfeffer aus der Mühle abschmecken. Gesalzene Zitrone hacken und die Suppe damit würzen, dann mit den pochierten Eiern, ein paar frischen Kräutern und Olivenöl garniert anrichten.

Gegrillter Spitzkohl mit Koriander, Basilikum und Zwiebel-Johannisbeer-Dressing

4 Personen

1 Spitzkohl
1 rote Zwiebel
50 ml Apfelessig
1 EL Akazienhonig
200 g frische rote Johannisbeeren
100 ml Olivenöl extra Vergine
Salz und Pfeffer aus der Mühle
1 Handvoll frischer Koriander
  (am besten mit Blüten)
1 Handvoll frisches Basilikum
  (hier rotes Basilikum)

Den Kohl von den äußeren Blättern befreien und danach längs halbieren. In 8 längliche Spalten schneiden, unter kaltem Wasser abspülen und gründlich abtropfen lassen.

Rote Zwiebel schälen und halbieren, in hauchdünne Streifen schneiden. Dann mit etwas Salz, Essig und Honig in eine Schüssel geben und 10 Minuten ziehen lassen. Johannisbeeren abzupfen, mit Olivenöl zu den Zwiebeln geben und vermengen.

Die Kohlspalten in etwas Olivenöl wälzen und auf einem sehr heißen Grill 1–2 Minuten von jeder Seite grillen, bis der Kohl an der Oberfläche schön braun, aber in der Mitte noch knackig ist. Mit Salz und Pfeffer aus der Mühle würzen.

Die Kohlspalten vom Grill nehmen und auf einer Platte oder auf Tellern anrichten. Das Dressing über den noch heißen Kohl gießen und das ganze mit Koriander und Basilikum bestreuen. Servieren Sie den Spitzkohl sofort, während er noch heiß und schön knusprig ist.

Gegrillter Fenchel und junge Zwiebeln
mit Frischkäse, Kräuteröl und Blüten

4 Personen

2 Fenchelknollen
8 junge Zwiebeln mit Grün
Salz und Pfeffer aus der Mühle
4 Handvoll Kräuter (Estragon, Schnittlauch,
   Petersilie und Thymian, gerne mit Blüten)
200 ml Olivenöl extra Vergine
1 unbehandelte Zitrone
100 ml Frischkäse (am besten Ziegenkäse)

Fenchelknollen von Strunk und Grün befreien und unter kaltem Wasser abspülen (das Grün für das Knäckebrotrezept von S. 108 aufheben). Zwiebeln gründlich waschen, den Strunk und eventuell nicht mehr frisches Grün abschneiden. Fenchelknollen längs in 4–6 Stücke schneiden, Zwiebeln halbieren und alles in etwas Olivenöl wälzen.

Fenchel und Zwiebel ca. 2 Minuten von jeder Seite auf einem sehr heißen Grill braten. Beide sollten ein schönes Grillmuster haben und in der Mitte immer noch knackig sein. Mit Salz und Pfeffer aus der Mühle würzen, dann das Gemüse vom Grill nehmen.

Kräuter waschen und gründlich abtropfen lassen. Blüten abzupfen, in einer Schüssel zur Seite stellen. Zitronenschale fein abreiben. Die Kräuter mit Olivenöl, Zitronenabrieb, Salz und Pfeffer aus der Mühle in einen Mixer geben und zu einem grünen Öl mixen.

Gegrillten Fenchel und gegrillte Zwiebeln auf einer Platte anrichten, darauf Frischkäsekleckse geben, mit Kräuteröl beträufeln und mit Blüten bestreuen. Servieren Sie das Gemüse entweder als eigenständiges Gemüsegericht oder als Beilage zu einer größeren Mahlzeit.

Junges Gemüse mit Mayonnaise, abgeschmeckt mit Piment d'Espelette und getrockneten schwarzen Johannisbeeren

4 Personen

12 Radieschen mit Blättern
12 kleine Möhren mit Grün
4 kleine junge Salatherzen
4 Handvoll Kräuter
  (Kapuzinerkresse, Petersilie und Majoran)
50 g gefriergetrocknete schwarze Johannisbeeren

100 ml Sojamilch
1 EL Apfelessig
1 TL Senf
Salz und Pfeffer aus der Mühle
1 TL Piment d'Espelette
150 ml kaltgepresstes Rapsöl

Gemüse gründlich waschen. Blätter und Grün, die frisch und gut aussehen, dranlassen. Salatherzen und Kräuter in ganze Blätter teilen und unter kaltem Wasser abspülen. Gründlich abtropfen lassen.

Gemüse, Salat und Kräuter auf Teller verteilen, darauf ein paar Kleckse Mayonnaise geben und mit leicht zerstoßenen schwarzen Johannisbeeren bestreuen, das gibt dem Gemüse eine frische, säuerliche Note. Salat mit gegrilltem Brot als Snack oder Fingerfood-Vorspeise servieren.

Mayonnaise

Es ist wichtig, dass alle Zutaten die gleiche Temperatur haben, am besten Zimmertemperatur. Sojamilch, Essig, Senf, Salz, Pfeffer aus der Mühle und Piment d'Espelette in ein hohes Gefäß oder in eine Schüssel geben und mit einem Stabmixer ein paar Minuten pürieren, bis alles gut verbunden ist. Danach das Öl nach und nach hinzufügen, bis Sie eine dickflüssige, homogene Mayonnaise erhalten. Eventuell mit noch etwas Salz und Pfeffer aus der Mühle würzen.

Knäckebrot mit Fenchelgrün
und Kompott aus Stachelbeeren und Fenchelsaat

4 Personen

240 g Weizenmehl
70 g Leinsamen
140 g Sesamsaat
75 g Sonnenblumenkerne
75 g Kürbiskerne
1 TL Salz
100 ml Maisöl
500 ml kochendes Wasser
frisches Fenchelgrün

500 g frische Stachelbeeren
200 g Rohrzucker
50 ml Apfelessig
1 EL Fenchelsaat

In einer Küchenmaschine alle trockenen Zutaten vermengen, dann Öl und danach das kochende Wasser hinzufügen und zu einem weichen, gleichmäßigen Teig verrühren. Fenchelgrün hacken und hinzufügen.

Den Knäckebrotteig dünn auf ein mit Backpapier belegtes Blech ausstreichen und im Ofen bei 155 °C 45 Minuten backen, bis das Knäckebrot knusprig und goldbraun ist. Dann herausnehmen und abkühlen lassen. In größere Stücke brechen und zusammen mit dem Kompott servieren.

Stachelbeerkompott
Stachelbeeren von Stängeln und Blüten befreien und mit Zucker, Essig und Fenchelsaat in einen Topf füllen. Das Ganze zum Kochen bringen. Bei niedriger Hitze 20–25 Minuten kochen, bis die Masse zu einem dickflüssigen Kompott eingekocht ist und eine ausgewogene Süße und Säure hat. Vom Herd nehmen und in eine Schüssel oder in ein Einmachglas füllen. Im Kühlschrank hält es 3–4 Wochen.

BLUMENKOHL

Gebratener Blumenkohl mit grünen Tomaten, eingelegten Apfel-Rosen und Bronzefenchel

Gebratener Blumenkohl mit grünen Tomaten, eingelegten Apfel-Rosen und Bronzefenchel

4 Personen

1 kleiner Blumenkohl
Salz und Pfeffer aus der Mühle
100 ml Olivenöl extra Vergine
100 ml eingelegte Apfel-Rosen
1 EL Akazienhonig
2 grüne Tomaten
1 Handvoll Bronzefenchel

Blumenkohl in kleinere Röschen teilen und unter kaltem Wasser abspülen (frische Deckblätter aufheben).

In einer Pfanne etwas Öl erhitzen, die Hälfte der Blumenkohl-röschen hineingeben und bei starker Hitze 2 Minuten von jeder Seite braten, bis sie schön gebräunt sind. Mit Salz und Pfeffer aus der Mühle würzen. Dann aus der Pfanne nehmen und den Rest auf die gleiche Weise in der Pfanne braten. Ebenfalls aus der Pfanne nehmen.

Eingelegte Apfel-Rosen, Honig und das restliche Olivenöl zu einem Dressing verrühren, mit etwas Salz und Pfeffer aus der Mühle würzen. Grüne Tomaten waschen und auf einer Mandolinenreibe oder mit einem scharfen Messer in hauch-dünne Scheiben schneiden.

Jetzt den gebratenen Blumenkohl auf einer Platte oder auf Tellern anrichten, darauf Tomatenscheiben legen und zum Schluss das Dressing mit den eingelegten Apfel-Rosen darüber-geben. Die Blüten schön auf dem Teller verteilen. Mit Bronze-fenchel garnieren und den Blumenkohl noch heiß servieren.

4 große Handvoll Apfel-Rosen
400 ml Apfelessig
1 Einmachglas

Eingelegte Apfel-Rosen

Untersuchen Sie die Apfel-Rosen auf Insekten. Dann die Rosen
in das Einmachglas füllen und mit Apfelessig begießen. Das Glas
verschließen und ca. 2 Wochen ziehen lassen, bevor Sie die
eingelegten Apfel-Rosen verwenden. Sowohl die Rosen als
auch der Essig schmecken richtig gut.

Sie können die Rosen ein ganzes Jahr lang aufbewahren.
Bereiten Sie also am besten gleich eine große Portion zu, damit
Sie den Geschmack und den Duft des Sommers den ganzen
Winter über genießen können.

Gebackener ganzer Blumenkohl mit lauwarmem Dressing aus Stachelbeeren, Zitrone, Radieschen und Schnittlauch

4 Personen

1 ganzer Blumenkohl
2 EL Olivenöl extra Vergine
2 EL Apfelessig
Salz und Pfeffer aus der Mühle

10 Stachelbeeren
2 unbehandelte Zitronen
6 Radieschen
2 EL Honig
100 ml Olivenöl extra Vergine
½ Bund Schnittlauch

Beim Blumenkohl die äußeren Deckblätter entfernen, die feinen Blätter innen dürfen dranbleiben. Blumenkohl in eine feuerfeste Form geben und mit Olivenöl und Apfelessig beträufeln, mit Salz und Pfeffer aus der Mühle würzen.

Die Form in den Ofen stellen und den Blumenkohl 30–35 Minuten bei 180 °C backen, bis seine Oberfläche schön gebräunt ist, er aber in der Mitte immer noch gut Biss hat. Den Blumenkohl aus dem Ofen nehmen und auf einer Platte ein wenig ruhen lassen.

Dressing

Stachelbeeren halbieren und in einen Topf geben. 1 Zitrone schälen und das Fruchtfleisch in kleine Würfel schneiden. Zitronenwürfel zu den Stachelbeeren in den Topf geben. Die andere Zitrone auspressen und den Saft ebenfalls hinzufügen. Radieschen in dünne Scheiben schneiden. Zusammen mit Honig und Olivenöl hinzufügen.

Das Ganze vorsichtig erhitzen, bis es zu einem dickflüssigen Dressing eingekocht ist, und mit Salz und Pfeffer aus der Mühle würzen. Jetzt den Topf vom Herd nehmen. Schnittlauch sehr fein schneiden und zum Dressing geben. Das Dressing gründlich umrühren.

Gebackenen Blumenkohl in grobe Stücke schneiden und mit dem lauwarmen Dressing begießen. Dazu ein gutes Brot servieren.

Blumenkohlsuppe mit Einlage aus Erbsen, Blumenkohl, getrockneten Pilzen und Buchweizen

4 Personen

1 Blumenkohl
1 Schalotte
1 Knoblauchzehe
50 ml Olivenöl extra Vergine
5 Thymianzweige
900 ml Wasser
100 ml Schlagsahne
Salz und Pfeffer aus der Mühle
1 unbehandelte Zitrone

200 g Erbsen
20 g getrocknete Wildpilze
   (Steinpilze, Pfifferlinge oder
   Totentrompete)
20 g Buchweizenkerne

Beim Blumenkohl die äußeren Deckblätter entfernen. Die feinen inneren Blätter dürfen dranbleiben. Dann den Blumenkohl in größere Stücke schneiden und in eine Schüssel geben.

Schalotte und Knoblauch schälen, fein hacken und mit der Hälfte des Olivenöls in einen Topf füllen. Darin 1–2 Minuten bei mittlerer Hitze anschwitzen, dann den Blumenkohl hinzufügen und diesen ebenfalls 2–3 Minuten anschwitzen.

Thymianblätter abzupfen und zur Seite stellen. Die Stiele zum Blumenkohl geben, dann Wasser, Salz und Pfeffer aus der Mühle hinzufügen. Die Suppe aufkochen und 10–15 Minuten kochen lassen, bis der Blumenkohl gerade weich, aber nicht verkocht ist. Sonst schmeckt sie womöglich zu intensiv nach Kohl.

Sahne angießen und die Suppe noch 2 Minuten kochen. Dann vom Herd nehmen. Zitronenschale abreiben, Saft auspressen. Die Suppe mit einem Pürierstab glatt pürieren und mit Salz, Pfeffer aus der Mühle und Zitronensaft abschmecken. Jetzt die Suppe zurück auf den Herd stellen und erneut erhitzen.

In Schüsseln oder tiefen Tellern servieren und dann die Einlage hineingeben. Zum Schluss mit ein wenig Olivenöl beträufeln. Dazu ein gutes Brot reichen.

Einlage

Erbsen auspalen, mit einem Messer hacken und in eine Schüssel geben. Getrocknete Pilze in einer Gewürzmühle oder in einem Mörser zu einem feinen Pulver mahlen und mit den Erbsen mischen. Buchweizenkerne grob zerstoßen und ebenfalls hinzufügen. Alle Zutaten gründlich vermengen und mit Salz, Pfeffer aus der Mühle, abgezupften Thymianblättern und Zitronenabrieb vermengen.

Blumenkohlsalat mit gelben Beten, Nektarinen, Kerbel und Kapern

4 Personen

½ Blumenkohl (500 g)
2 junge gelbe Beten
2 Nektarinen
2 EL Apfelessig
1 EL Akazienhonig
25 g Kapern
Salz und Pfeffer aus der Mühle
5 EL Olivenöl extra Vergine
1 Bund Kerbel

Den halben Blumenkohl von den äußeren Deckblättern befreien und unter kaltem Wasser abspülen. Auf einer Mandolinenreibe oder mit einem scharfen Messer in hauchdünne Scheiben schneiden und diese in eine Schüssel füllen.

Gelbe Beten schälen und ebenfalls auf der Mandolinenreibe hauchdünn aufschneiden. Dann die Scheiben in eine Schüssel mit kaltem Wasser legen, sodass sie knackig werden.

Nektarinen halbieren, die Steine entfernen und das Fruchtfleisch in hauchdünne Spalten schneiden. Zum Blumenkohl in die Schüssel geben.

Kapern hacken. Essig, Honig, Kapern, Salz, Pfeffer aus der Mühle und Öl in einer Schüssel mischen. Zu einem sämigen Dressing verrühren.

Gelbe Beten abgießen und gründlich abtropfen lassen. Blumenkohl und Nektarinen mit gelben Beten mischen und mit dem Dressing vermengen. Kerbel waschen, abtropfen lassen und grob hacken. Zum Salat geben und gründlich unterheben. Eventuell mit noch etwas Essig, Öl, Salz und Pfeffer abschmecken.

Servieren Sie den Salat sofort, solange die Zutaten noch knackig und frisch sind. Wenn er zu lange steht, fällt er zusammen und wird fade.

Blumenkohlpizza mit Frischkäse, Parmesan, Chili und Rucola

4 Personen

15 g Hefe
300 ml lauwarmes Wasser
500 g Weizenmehl, am besten Tipo 00
2 TL Salz
2 EL Olivenöl extra Vergine

½ Blumenkohl (ca. 300 g)
100 g Frischkäse
Salz und Pfeffer aus der Mühle
50 ml Olivenöl extra Vergine
100 g frisch geriebener Parmesan
Chiliflocken
50 g frischer Rucola

Pizzateig

In einer Schüssel die Hefe in lauwarmem Wasser auflösen. Mehl, Salz und Olivenöl in einer anderen Schüssel mischen, dann Wasser und Hefe hinzufügen. Zu einem glatten Teig verarbeiten. Den Teig auf eine bemehlte Arbeitsfläche geben und 4–5 Minuten gründlich durchkneten, bis er geschmeidig und leicht zäh ist.

Dann in eine Schüssel legen, mit etwas Mehl bestreuen und mit einem sauberen Küchenhandtuch abdecken. Den Teig 45–60 Minuten gehen lassen.

Nach der Gehzeit den Teig in 4 Stücke in der Größe von Tennisbällen teilen. Diese auf der bemehlten Arbeitsfläche ganz dünn ausrollen.

Belag

Den halben Blumenkohl unter kaltem Wasser abspülen und auf einer Mandolinenreibe oder mit einem scharfen Messer in hauchdünne Scheiben schneiden.

Frischkäse mit Salz und Pfeffer aus der Mühle sowie einem Spritzer Olivenöl verrühren. Die Mischung auf die Pizzaböden streichen, darauf die Blumenkohlscheiben verteilen.

Parmesan reiben und über den Blumenkohl geben, mit Chiliflocken bestreuen. Zum Schluss mit Olivenöl beträufeln und die Pizzen nacheinander im vorgeheizten Backofen bei 240–250 °C backen. Es ist wichtig, dass der Ofen sehr heiß ist. Die Pizza braucht etwa 8–10 Minuten, bis sie goldbraun und knusprig und der Boden gar ist.

Rucola waschen, trockenschütteln und auf den gebackenen Pizzen verteilen. Sofort essen, solange die Pizza noch heiß und knusprig ist.

BROKKOLI

Püree aus gelben Erbsen mit Salat aus Brokkolistrunk, Fenchelgrün und Parmesan

4 Personen

300 g gelbe Erbsen
1 Knoblauchzehe
200 ml Olivenöl extra Vergine
50 ml Apfelessig
1 TL zerstoßene Fenchelsaat
Salz und Pfeffer aus der Mühle

1 großer Brokkoli
1 Handvoll Fenchelgrün (Bronzefenchel oder Dill)
25 g Parmesan
2 EL Olivenöl extra Vergine
1 unbehandelte Zitrone

Die Erbsen unter kaltem Wasser abspülen, in einen Topf geben und mit Wasser bedecken. Knoblauch schälen, hinzufügen und das Ganze zum Kochen bringen. Erbsen 35–40 Minuten kochen, bis sie weich sind. Überschüssiges Wasser abgießen, dabei etwas Wasser auffangen, um später damit eventuell die Konsistenz des Pürees anpassen zu können.

Die Erbsen mit Öl, Essig, Fenchelsaat, Salz und Pfeffer aus der Mühle im Mixer glatt pürieren. Mit dem Rest Kochwasser die Konsistenz anpassen. Das Püree ein wenig abkühlen lassen und mit noch etwas Essig, Salz und Pfeffer abschmecken.

Salat aus Brokkolistrunk

Brokkoliröschen abtrennen und diese für ein anderes Brokkoli- rezept aufheben. Mit einem Sparschäler den Strunk schälen. Danach den Strunk längs auf einer Mandolinenreibe oder mit dem Sparschäler in hauchdünne Scheiben schneiden, sodass Sie lange, dünne Späne erhalten. Die Brokkolispäne in eine Schüssel mit kaltem Wasser legen, sodass sie knackig werden und sich kräuseln. Anschließend in ein Sieb abgießen und gründlich abtropfen lassen.

Parmesan reiben. Zitronenschale abreiben, Saft auspressen. Erbsenpüree auf Tellern oder einer Platte anrichten, die Brokkolispäne, reichlich Fenchelgrün, Parmesan, Zitronen- saft und -abrieb sowie Olivenöl daraufgeben und mit ein wenig geriebenem Brokkoli garnieren.

Das Gericht sofort servieren, solange die Brokkolispäne noch knackig sind.

Brokkolisalat mit grünen Johannisbeeren, roten Zwiebeln und geröstetem Brot

4 Personen

1 großer Brokkoli
1 EL Akazienhonig
500 ml Apfelessig
Salz und Pfeffer aus der Mühle
100 ml Olivenöl extra Vergine
1 rote Zwiebel
100 g grüne unreife rote Johannisbeeren
1 Handvoll Schnittlauchblüten
  (oder fein geschnittener Schnittlauch)
4 Scheiben Brot vom Vortag

Brokkoli unter kaltem Wasser abspülen und gründlich abtropfen lassen. Den Strunk schälen, dann mit einem scharfen Messer in ganz kleine und ein paar etwas größere Stücke aufschneiden. Er sollte insgesamt sehr fein geschnitten sein, damit er das Dressing schnell aufnimmt.

Honig, Essig, Salz, Pfeffer aus der Mühle und Öl zu einem Dressing verrühren. Rote Zwiebel schälen, halbieren und hauchdünn aufschneiden, dann zusammen mit den grünen Johannisbeeren zum Dressing geben. Das Dressing 10–15 Minuten durchziehen lassen.

Brot in größere Stücke schneiden, in eine Pfanne mit Olivenöl geben und 6–7 Minuten braten, bis die Brotstücke Farbe bekommen und an einigen Stellen schon knusprig, an anderen noch weich sind. Mit etwas Salz bestreuen und aus der Pfanne nehmen.

Das Dressing über die Brokkolistücke geben und alles gründlich vermengen. Eventuell mit noch mehr Salz und Pfeffer aus der Mühle abschmecken. Mit Brotwürfeln anrichten und mit Schnittlauchblüten garnieren. Servieren Sie den Salat sofort, solange der Brokkoli noch knackig und frisch ist.

Gebratener Brokkoli mit einem Dressing aus gesalzenen grünen Pflaumen, Dickmilch, Eisenkraut, Kapuzinerkresse und Leinsamen

4 Personen

2 große Brokkoliköpfe
100 ml Olivenöl extra Vergine
4–6 gesalzene grüne Pflaumen (oder
    große grüne Oliven oder Kapern)
1 TL Akazienhonig
50 ml Apfelessig
100 ml Dickmilch
Salz und Pfeffer aus der Mühle
2 EL Leinsamen
1 Handvoll Eisenkraut
1 Handvoll Kapuzinerkresse

500 g grüne unreife Pflaumen
1 kg grobes Salz

Brokkoli unter kaltem Wasser abspülen und gründlich abtropfen lassen. Strunk schälen, anschließend die Brokkoliköpfe längs durchschneiden, sodass Sie 8 längliche Brokkoliröschen mit Strunk erhalten.

In einer Pfanne etwas Öl erhitzen und die Brokkoliröschen nacheinander bei starker Hitze etwa 2 Minuten von jeder Seite braten, sodass sie an einigen Stellen angebrannt, an anderen immer noch fast roh sind. Mit Salz und Pfeffer aus der Mühle würzen.

Die gesalzenen Pflaumen entsteinen und das Fruchtfleisch hacken. Mit Honig, Essig und Öl in eine Schüssel geben und zu einem Dressing verrühren. Dickmilch in eine Schüssel füllen und mit Salz und Pfeffer aus der Mühle würzen. In einer trockenen Pfanne Leinsamen rösten, bis sie »poppen« und duften.

Gebratenen Brokkoli auf Tellern anrichten, mit Dickmilch und dem Dressing begießen und zum Schluss mit reichlich Eisenkraut, Kapuzinerkresse und gerösteten Leinsamen garnieren.

Gesalzene grüne Pflaumen
Pflaumen unter kaltem Wasser waschen, mit einer Gabel mehrfach einstechen und in ein Einmachglas füllen. Mit grobem Salz vollständig bedecken und die Pflaumen so mindestens 1 Monat ziehen lassen, sodass die Flüssigkeit, welche die Pflaumen abgeben, eine natürliche Salzlake bildet. Die Pflaumen halten bis zu 1 ½ Jahre, wenn sie an einem dunklen, kühlen Ort stehen.

Brokkoli-Ramen
mit Eiern, Chili, Nudeln und Tang

4 Personen

4 Brokkolistrünke
 (die Röschen für einen Salat
 oder ein anderes Rezept aufheben)
100 g getrocknete Shiitakepilze
1 Knoblauchzehe
3 Limettenblätter
1 l Gemüsebrühe
30 g getrockneter Tang
1 Limette
4 Eier
100 g Reisnudeln
1 frische rote Chilischote
Korianderblüten
Salzmiere

Brokkolistrünke in etwa 1 cm dicke Scheiben schneiden und in einer Pfanne scharf anbraten, sodass sie leicht verbrannt und karamellisiert sind.

Dann zusammen mit den getrockneten Pilzen, Knoblauch, Limettenblättern und Gemüsebrühe in einen Topf geben und das Ganze zum Kochen bringen. Bei niedriger Hitze 5 Minuten köcheln, dann den Herd ausschalten und die Brühe 10–15 Minuten ziehen lassen. Jetzt die Brühe in einen anderen Topf abseihen und Tang in kleinen Stücken sowie Limettensaft hinzufügen, noch mal 5 Minuten ziehen lassen.

In einem Topf Wasser aufkochen, Eier hineingeben und 5 Minuten kochen lassen. Sie sollen wachsweich sein. Die Eier aus dem Wasser nehmen und unter kaltem Wasser abschrecken, damit sie nicht weiter garen. Nudeln mit kochendem Wasser übergießen, ein paar Minuten stehen lassen. Chilischote in dünne Scheiben schneiden. Ein paar Brokkoliröschen hauchdünn aufschneiden.

Jetzt die Brühe erhitzen und die Suppe in großen Schüsseln mit Nudeln, etwas Tang, Chili, geschnittenem Brokkoli, halbierten Eiern und frischem Koriander anrichten, mit Salzmiere garnieren. Servieren Sie die Suppe sofort, während sie noch heiß ist und die Kräuter noch knackig sind.

Gnocchi mit Brokkoli, Mozzarella, Oliven, Basilikum und Mandeln

Gnocchi mit Brokkoli, Mozzarella, Oliven, Basilikum und Mandeln

4 Personen

1 kg Backkartoffeln
150–200 g Weizenmehl
2 Eigelbe
20 g frischgeriebener Parmesan
1 Prise Muskatnuss
Salz und Pfeffer aus der Mühle

Gnocchi

Kartoffeln mit etwas Salz in eine feuerfeste Form geben und bei 180 °C 50–55 Minuten backen, bis sie weich sind. Anschließend aus dem Ofen nehmen und halbieren. Das Innere mit einem Löffel herauskratzen und in eine Schüssel füllen.

Parmesan reiben. Kartoffeln mit einem Stampfer zerkleinern, mit Mehl, Eigelb, Parmesan und Muskatnuss, Salz und Pfeffer aus der Mühle vermengen und zu einer weichen Kartoffelmasse verrühren, die jedoch nicht klebrig sein sollte.

Die Masse auf einer bemehlten Arbeitsfläche zu länglichen Würsten formen und diese in 3–4 cm große Stücke schneiden. Jedes Stück mit einer Gabel ein wenig eindrücken, damit die Gnocchi ein feines Muster erhalten.

Bis zum Braten die Gnocchi auf einem Tablett in den Kühlschrank stellen. Sie sollten jedoch nicht zu lange dort stehen, damit sie nicht zu viel Feuchtigkeit aus dem Kühlschrank aufnehmen. Olivenöl in eine Pfanne geben und die Gnocchi bei starker Hitze ein paar Minuten von jeder Seite braten, sodass sie eine knusprige, goldbraune Oberfläche bekommen.

1 Brokkoli
50 ml Olivenöl extra Vergine
1 Knoblauchzehe
Salz und Pfeffer aus der Mühle
100 g schwarze Oliven
25 g Mandeln
1 ungespritzte Zitrone
1 Bund frisches Basilikum
1 frischer Mozzarella

Brokkoli

Brokkoli unter kaltem Wasser abspülen und in kleine Röschen teilen (den Strunk für eines der anderen Rezepte aufheben).
In einen Topf mit dickem Boden Öl geben und leicht erhitzen. Knoblauch leicht zerdrücken und im Öl kurz braten, anschließend die Brokkoliröschen hinzufügen.
Den Brokkoli 2–3 Minuten bei niedriger Hitze braten, damit er das Aroma von Knoblauch und Olivenöl annimmt. Mit Salz und Pfeffer aus der Mühle würzen.

Oliven und Mandeln hacken. Zitronenschale fein abreiben. Oliven, Mandeln, Zitronenabrieb und Basilikum hinzufügen und das Ganze umrühren. Den Brokkolisalat mit den gebratenen Gnocchi auf Tellern anrichten und mit Mozzarellastücken garnieren, die dann direkt auf dem Gericht schmelzen. Mit noch etwas Basilikum und eventuell Brokkoliblättern garnieren.

MÖHREN

Gebackene Möhren und Koriander mit Blüten, lauwarme Buttermilch mit grünem Öl und grünen Erdbeeren

4 Personen

12 junge Möhren mit Grün
1 Handvoll frische Kräuter (Thymian,
   Zitronenmelisse, Minze)
1 unbehandelte Zitrone
2 EL Olivenöl extra Vergine
Salz und Pfeffer aus der Mühle
1 Bund Koriander mit Blüten
100 ml Öl (Mais-, Traubenkern-
   oder Rapsöl)
100 ml Buttermilch
10 grüne Erdbeeren

Möhren waschen, das Grün bis auf ein kleines Stück abschneiden. Zitronenschale abreiben, Saft auspressen. Möhren in eine feuerfeste Form geben, mit Kräutern (außer Koriander), Zitronensaft und -abrieb, Olivenöl, Salz und Pfeffer aus der Mühle würzen. Dann die Möhren in den Ofen stellen und bei 220 °C ca. 10 Minuten backen, bis sie ein wenig Farbe bekommen haben, aber immer noch knackig sind. Aus dem Ofen nehmen und ein wenig abkühlen lassen.

Korianderblätter (Blüten oder ein paar Blätter zum Anrichten aufheben) mit 100 ml Öl und etwas Salz in den Mixer geben und zu einem hübschen grünen Öl pürieren. Das Öl in eine Schüssel füllen. Buttermilch in einem Topf vorsichtig erwärmen. Achten Sie darauf, dass sie nicht zu heiß wird und gerinnt. Das grüne Öl hinzufügen und die Buttermilch ein paar Minuten ziehen lassen.

Erdbeeren waschen und in dünne Scheiben schneiden. Gebackene Möhren mit ein wenig warmer, grüner Buttermilch und Erdbeerscheiben anrichten und mit Koriander garnieren. Mit einer Scheibe gutem Brot eignet sich das Gericht als Vorspeise oder Mittagessen.

Möhrensuppe mit Kardamomjoghurt, gerösteten Kichererbsen, Mandeln und Schnittlauchblüten

4 Personen

50 g Kichererbsen
500 g Möhren
1 Schalotte
1 Knoblauchzehe
2 EL Olivenöl extra Vergine
1 TL Chiliflocken
1 ganzer Sternanis
1 Zweig Rosmarin
1 Orange
1 l Wasser
50 ml Sahne
Salz und Pfeffer aus der Mühle
1 unbehandelte Zitrone
200 ml griechischer Joghurt
1 TL zerstoßener Kardamom
3 EL Olivenöl extra Vergine
25 g Mandeln
1 Handvoll Schnittlauchblüten (oder
   fein geschnittener Schnittlauch)

Kichererbsen 24 Stunden in kaltem Wasser einweichen. Dann abgießen, in einen Topf füllen, mit frischem Wasser bedecken und zum Kochen bringen. Kichererbsen 40–45 Minuten kochen, bis sie weich sind.

Möhren, Schalotte und Knoblauch schälen und hacken. In einen Topf 2 EL Öl geben, Schalotte, Knoblauch, Chiliflocken und Sternanis hineingeben und anschwitzen. Jetzt Möhren und Rosmarin hinzufügen und weitere 4–5 Minuten anschwitzen lassen, bis die Möhren Farbe annehmen. Orangenschale fein abreiben, Orange auspressen. Orangensaft und -abrieb sowie 1 l Wasser hinzufügen. Die Suppe zum Kochen bringen und 15–20 Minuten kochen lassen, bis die Möhren weich sind, aber immer noch ihr frisches Aroma haben.

Rosmarinzweig aus der Suppe nehmen, Sahne angießen und die Suppe weitere 2 Minuten kochen. Im Mixer oder mit einem Stabmixer zu einer glatten Suppe pürieren. Zitronenschale fein abreiben, Saft auspressen. Mit Salz, Pfeffer aus der Mühle und etwas Zitronensaft abschmecken. Jetzt die Suppe zurück in den Topf füllen, wenn Sie sie im Mixer püriert haben, und warmhalten.

Joghurt mit Kardamom, Zitronenabrieb, Salz und Pfeffer aus der Mühle verrühren, 5 Minuten ziehen lassen. In einer Pfanne in etwas Öl die Kichererbsen rösten, bis sie knusprig sind. Dann die gehackten Mandeln hinzufügen und ebenfalls 30 Sekunden rösten. Mit Salz und Pfeffer aus der Mühle würzen.

Die heiße Suppe mit einem großen Klecks Kardamomjoghurt, gerösteten Kichererbsen und Mandeln in Schüsseln anrichten und mit Schnittlauchblüten garnieren. Mit etwas Olivenöl beträufeln.

Gegrillte Möhren mit eingelegten roten Zwiebeln, Feta, Holunderblüten, Bronzefenchel und Eisenkraut

4 Personen

1 rote Zwiebel
Salz
3 EL Apfelessig
1 TL Akazienhonig
24 junge Möhren mit Grün
Salz und Pfeffer aus der Mühle
100 g Feta
1 Handvoll frische Holunderblüten
Bronzefenchel
Eisenkraut
3 EL Olivenöl extra Vergine

Rote Zwiebel schälen und in hauchdünne Ringe schneiden. Am besten verwenden Sie eine Mandolinenreibe. Zwiebelringe in eine Schüssel geben und mit Salz, Essig und Honig vermengen. Die Zwiebeln 10–15 Minuten marinieren, bis sie ihre Schärfe verloren haben, aber immer noch knackig sind.

Bei den Möhren das Grün bis auf einen kleinen Rest abschneiden, die Möhren unter kaltem Wasser abspülen. Gründlich abtropfen lassen, dann in Olivenöl wälzen. Einen Grill oder eine Grillpfanne erhitzen und die Möhren 2–3 Minuten von jeder Seite grillen. Sie sollten ein schönes Grillmuster haben, aber in der Mitte immer noch knackig sein. Mit Salz und Pfeffer aus der Mühle würzen.

Die Möhren vom Grill nehmen und auf einer Platte oder auf Tellern anrichten. Mit eingelegten roten Zwiebeln, Feta, frischen Holunderblüten und Kräutern garnieren. Dann mit ein wenig von der Zwiebelmarinade und etwas Olivenöl beträufeln. Servieren Sie die Möhren als eigenständiges Mittagessen oder als Beilage im Rahmen einer größeren Mahlzeit.

Brei aus Möhrenpüree, marinierten Möhren, Pfirsich und Sauerklee

4 Personen

3 mittelgroße Möhren
50 ml Olivenöl extra Vergine
Salz und Pfeffer
1 unbehandelte Zitrone
1 TL Akazienhonig
1 Pfirsich

70 g Haferflocken
70 g Dinkelflocken
100 ml Bier
700 ml Wasser
Salz
10 g Butter
1 Handvoll roter Sauerklee

Möhren schälen, 2 davon in größere Stücke schneiden. Die Stücke in einen Topf geben, mit Wasser bedecken und zum Kochen bringen. Möhren 15 Minuten kochen, bis sie weich sind. Zitronenschale fein abreiben, Saft auspressen. Dann mit ein wenig Kochwasser, Olivenöl, etwas Zitronensaft und -abrieb, Honig, Salz und Pfeffer aus der Mühle im Mixer zu einem glatten Püree verarbeiten. Das Püree in eine Schüssel füllen.

Die verbliebene Möhre längs in hauchdünne Streifen schneiden. Am besten benutzen Sie eine Mandolinenreibe oder einen Sparschäler. Die Streifen in eine Schüssel geben, restlichen Zitronensaft und -abrieb mit Honig und Salz verrühren und über die Möhren gießen, damit sie in der Flüssigkeit marinieren und ein wenig zusammenfallen. Den Pfirsich vom Stein befreien und das Fruchtfleisch in hauchdünne Spalten schneiden, mit den Möhrenstreifen vermengen.

Hafer- und Dinkelflocken mit Bier, Wasser und etwas Salz in einem Topf zum Kochen bringen. Bei niedriger Hitze 5–6 Minuten kochen, bis ein dickflüssiger Brei entstanden ist. 100 ml Möhrenpüree und Butter hinzufügen und gründlich vermengen, sodass der Brei schön cremig und weich wird.

Den lauwarmen Brei mit marinierten Möhren und Pfirsich anrichten, mit etwas rotem Sauerklee garnieren. Der Brei eignet sich sowohl fürs Frühstück als auch für eine kleine Mittagsmahlzeit.

Möhren-Schokoladen-Pfannkuchen
mit Möhrenmarmelade, Haselnüssen und Minze

4 Personen

3 Eier
50 ml Bier
125 g Mehl
300 ml Milch
25 g zerlassene Butter
50 g geriebene Möhren
25 g fein gehackte oder
   geriebene dunkle Schokolade
50 g Haselnüsse
1 Bund frische Minze

3 große Möhren (ca. 300 g)
100 ml Möhrensaft
2 unbehandelte Zitronen
2 EL Honig

Eier in eine Schüssel aufschlagen, Bier und Mehl hinzufügen und alles glattrühren. Unter Rühren nach und nach Milch angießen, zum Schluss auch die zerlassene Butter, bis Sie einen glatten, glänzenden Pfannkuchenteig erhalten. Geriebene Möhren und Schokolade vorsichtig unterheben, sodass sich beides gut im Teig verteilt. Den Teig 20 Minuten im Kühlschrank quellen lassen.

Eine Pfanne (Ø 24 cm) erhitzen und für den ersten Pfannkuchen einen kleinen Klecks Butter hineingeben. Etwas Teig in die Pfanne füllen, zügig in der ganzen Pfanne verteilen und den Pfannkuchen ca. 30 Sekunden backen, bis die Unterseite goldgelb ist. Den Pfannkuchen wenden und fertig backen. Dann aus der Pfanne nehmen und warmhalten. Verfahren Sie so mit dem gesamten Pfannkuchenteig. Achten Sie darauf, dass die Pfannkuchen nicht zu dunkel werden, da sonst die Schokolade bitter und angebrannt schmecken kann. Die Portion ergibt 12–14 Pfannkuchen.

Haselnüsse hacken, Minzblätter abzupfen. Servieren Sie die warmen Pfannkuchen mit Möhrenmarmelade, Haselnüssen und frischer Minze.

Möhrenmarmelade

Möhren schälen und grob reiben. Von beiden Zitronen die Schale fein abreiben und den Saft auspressen. Möhren in einen Topf füllen (mitsamt dem Saft, der beim Reiben ausgetreten ist), etwas Möhrensaft, Zitronensaft und -abrieb sowie Honig hinzufügen und den Deckel auflegen. Zum Kochen bringen. Die Marmelade bei niedriger Hitze 25–30 Minuten kochen, bis sie zähflüssig und leicht klebrig ist. Denken Sie daran, zwischendurch die Marmelade umzurühren, damit sie nicht anbrennt. Den Topf vom Herd nehmen und die Marmelade abkühlen lassen.

MAIS

Gegrillter Mais mit Butter, abgeschmeckt mit Harissa, geräuchertem Paprika und Majoran

4 Personen

100 g weiche Butter
2 EL Harissapaste
1 TL geräuchertes Paprikapulver
Salz und Pfeffer aus der Mühle
4 Maiskolben mit Blättern
10 frische Zweige Majoran
 (am besten mit Blüten)

Küchengarn

Das Küchengarn in kaltem Wasser einweichen. Butter in eine Schüssel geben, mit Harissapaste, geräuchertem Paprikapulver sowie Salz und Pfeffer aus der Mühle zu einer weichen, rötlichen Butter verrühren.

Die Blätter an den Maiskolben ein wenig aufklappen, aber nicht vollständig entfernen. Jeden Maiskolben mit reichlich Butter bestreichen. Danach wieder mit den Blättern bedecken. Mit 2–3 Stücken Küchengarn die Blätter um die Maiskolben herum festschnüren, damit sie sich auf dem Grill nicht lösen.

Die Maiskolben auf den Grill legen, ca. 2 Minuten von jeder Seite grillen, bis die Blätter schwarz sind. Die Maiskörner wurden in der Butter gegart. Die Blätter abziehen, die Maiskolben mit gehacktem Majoran und etwas Salz bestreuen und sofort servieren.

Gegrillte Salatherzen mit Mais, Rauchkäsecreme und frischen Haselnüssen

4 Personen

4 Salatherzen
100 ml Rauchfrischkäse
200 ml Naturjoghurt
1 TL Akazienhonig
1 unbehandelte Zitrone
Salz und Pfeffer aus der Mühle
1 Maiskolben
2 EL Olivenöl extra Vergine
40 g frische Haselnüsse
  (Gewicht ohne Schale)

Salatherzen längs halbieren, unter kaltem Wasser abspülen und gründlich abtropfen lassen. Zitronenschale fein abreiben und Saft auspressen. In einer Schüssel Frischkäse, Joghurt, Honig, Zitronensaft und -abrieb, Salz und Pfeffer aus der Mühle zu einer glatten Creme verrühren.

Bei dem Maiskolben mit einem scharfen Messer die Maiskörner rundum abschneiden und in eine Schüssel geben. Salatherzen mit etwas Olivenöl bestreichen und auf einen sehr heißen Grill legen. Von jeder Seite ca. 1 Minuten grillen, damit sie ein Grill-muster bekommen, aber in der Mitte immer noch Biss haben.

Den Salat vom Grill nehmen und auf Tellern anrichten. Hasel-nüsse hacken. Käsecreme, Maiskörner und Haselnüsse auf den Salatherzen verteilen und mit etwas Olivenöl beträufeln. Servieren Sie den Salat als kleines Mittagessen oder als Beilage im Rahmen einer größeren Mahlzeit.

Brühe aus angebratenen Maiskolben
mit Mais, Pfifferlingen und wachsweichen Eiern

4 Personen

4 Maiskolben
3 Schalotten
2 Knoblauchzehen
50 ml Olivenöl extra Vergine
10 Zweige Thymian
1 ½ l Gemüsebrühe
200 g Pfifferlinge
Salz und Pfeffer aus der Mühle
4 Eier
1 unbehandelte Zitrone
1 Bund frische Süßdolde

Bei den Maiskolben mit einem scharfen Messer die Maiskörner rundum abschneiden. Die Maiskörner in eine Schüssel füllen, die Kolben in kleinere Stücke schneiden. Schalotten und Knoblauch schälen und grob hacken.

Einen Topf auf den Grill stellen, etwas Öl hineingeben und die Maiskolben, Zwiebeln und Knoblauch hinzufügen. Das Ganze 2–3 Minuten braten, bis alles etwas Farbe bekommen hat und duftet. Thymian und Brühe hinzufügen und zum Kochen bringen. Die Brühe 15–20 Minuten bei niedriger Hitze kochen.

Pfifferlinge putzen, je nach Größe klein schneiden. Eine Pfanne auf den Grill stellen, Öl hineingeben und die Pfifferlinge und Maiskörner 3–4 Minuten braten, bis sie Farbe angenommen haben und ein wenig zusammenfallen. Mit Salz und Pfeffer aus der Mühle würzen. Maiskörner und Pfifferlinge in eine Schüssel füllen und warmhalten.

Die Eier 5–6 Minuten kochen. Dann sofort mit kaltem Wasser abschrecken, damit sie nicht weiter garen. Sie sollen wachsweich sein. Eier pellen. Zitronensaft auspressen. Brühe in einen anderen Topf abseihen, mit Salz, Pfeffer aus der Mühle und Zitronensaft abschmecken.

Die Suppe in tiefen Tellern servieren, Mais und Pfifferlinge als Einlage hineingeben, die Eier halbieren und ebenfalls in die Teller geben.

Mit Süßdolde garnieren. Servieren Sie die Suppe als Mittagsgericht oder Teil eines größeren Abendessens mit einer Scheibe Brot dazu.

Gegrillte Mais-Focaccia mit Tomaten, Salbei, Ras el Hanout, Meerrettich und Meersalz

4 Personen

700 ml kaltes Wasser
50 ml Olivenöl extra Vergine
20 g Hefe
200 g feines Maismehl
700 g Weizenmehl (Tipo 00)
15 g Salz
1 Maiskolben
5 Zweige Salbei
15–20 g frischer Meerrettich
grobes Meersalz

200 ml Tomatensaft
2 EL Olivenöl extra Vergine
1 TL Ras el Hanout
Salz und Pfeffer aus der Mühle

Wasser und 25 ml Olivenöl in eine Schüssel geben, Hefe einrühren, dann Maismehl, Weizenmehl und Salz hinzufügen und zu einem glatten Teig verrühren. Den Teig 2–3 Stunden auf der Arbeitsfläche gehen lassen. Eine Fettpfanne mit Backpapier auslegen und mit etwas Olivenöl einpinseln.

Beim Maiskolben mit einem scharfen Messer die Maiskörner rundum abschneiden. Die Maiskörner in der Fettpfanne verteilen. Den Teig darauf ausbreiten, andrücken und gleichmäßig in der gesamten Fettpfanne verteilen. Jetzt den Teig weitere 30–60 Minuten aufgehen lassen. Den Ofen auf 220 °C vorheizen. Das Brot mit Olivenöl beträufeln und mit etwas Salz bestreuen. Im Ofen 25–20 Minuten backen, bis es goldbraun und knusprig ist.

Dann herausnehmen und etwas abkühlen lassen, bevor Sie es aus der Fettpfanne lösen. Jetzt die Tomatenmasse zubereiten, mit der das Brot bepinselt wird. Das Brot in längliche Stücke schneiden und diese auf beiden Seiten mit Tomatenmasse bestreichen. Brotstücke auf den Grill legen, bis die Tomaten karamellisieren und die Kruste schön knusprig ist. Zwischendurch mit Salbei, Meerrettich und grobem Meersalz bestreuen.

Die fertigen Focaccias auf ein Küchenbrett legen und mit reichlich frisch geriebenem Meerrettich bestreuen. Servieren, solange sie noch heiß und knusprig sind. Focaccia kann man hervorragend vorbereiten, sodass Sie sie nur noch kurz vor dem Verzehr auf den Grill legen müssen.

Tomatenmasse
In einen kleinen Topf Tomatensaft und Olivenöl gießen, Ras el Hanout, Salz und Pfeffer aus der Mühle hinzufügen und zum Kochen bringen. Den Tomatensaft auf etwa die Hälfte einkochen, so erhält er eine schöne Konsistenz und Süße.

In Honig gebratener Mais mit Brombeeren, Vanillecreme, gegrilltem Roggenbrot und Waldmeister

In Honig gebratener Mais mit Brombeeren, Vanillecreme, gegrilltem Roggenbrot und Waldmeister

4 Personen

1 Maiskolben
1 EL Honig
300 g frische Brombeeren
1 unbehandelte Zitrone
etwas Salz
Sauerklee

400 ml Naturjoghurt
1 Vanilleschote
2 EL Puderzucker
1 unbehandelte Zitrone

2 Scheiben Roggenbrot vom Vortag

Bei den Maiskolben mit einem scharfen Messer die Maiskörner rundum abschneiden. Eine Pfanne auf dem Grill richtig heiß werden lassen. Honig in die Pfanne geben und die Maiskörner darin 1–2 Minuten karamellisieren lassen.

Dann die Brombeeren in die Pfanne geben und kurz mitbraten. Sie werden weicher und verlieren ein wenig Flüssigkeit. Zitronenschale fein abreiben, Saft auspressen. Zitronensaft und etwas Salz hinzufügen. Die Pfanne vom Grill nehmen und die Brombeeren und Maiskörner ein wenig ziehen lassen.

Dann Brombeer-Mais-Mischung auf Tellern oder in einer Schüssel anrichten, darauf einen Klecks Vanillecreme darauf geben und mit geröstetem Roggenbrot und Waldmeister garnieren.

Vanillecreme
Den Joghurt in eine Schüssel geben. Vanilleschote längs aufschneiden, das Mark herauskratzen und zum Joghurt in die Schüssel geben. Mit Puderzucker, Zitronenabrieb und -saft abschmecken und zu einer glatten Creme verrühren. Die Creme 10–15 Minuten durchziehen lassen, damit sich das Vanillearoma gut verteilen kann.

Gegrilltes Roggenbrot
Roggenbrotscheiben auf den Grill legen, bis sie auf beiden Seiten knusprig und goldbraun sind. Dann das Brot vom Grill nehmen und in winzige Stücke schneiden. Sie können das Roggenbrot natürlich auch im Toaster oder im Ofen zubereiten.

ZWIEBELN

Zwiebelpizza mit Olivenöl, Rosmarin und Salz

4 Personen

10 g Hefe
100 ml Bier
600 ml Wasser
1 TL Salz
1 kg Bio-Weizenmehl

4 große Zwiebeln
50 ml Olivenöl extra Vergine
5 Zweige Rosmarin
Salz und Pfeffer aus der Mühle

Pizzateig

Bier und Wasser mischen, Hefe darin auflösen. Etwas Mehl hinzufügen, danach das Salz, und glattrühren. Jetzt das restliche Mehl hinzufügen und zu einem geschmeidigen Teig kneten. Den Teig in eine Schüssel geben und darin 1 Stunde bei Zimmertemperatur gehen lassen. Anschließen den Teig auf die bemehlte Arbeitsfläche legen, zu 4 kleinen Kugeln formen. Die Kugeln hauchdünn ausrollen und auf ein Stück Backpapier legen. So können Sie die Zwiebelpizza ganz leicht auf das heiße Backblech gleiten lassen.

Belag

Zwiebeln schälen und entweder auf einer Mandolinenreibe oder mit einem scharfen Messer in ganz feine Ringe schneiden. Die Zwiebelringe auf den Pizzaböden verteilen, mit Olivenöl beträufeln und mit Rosmarin und grobem Salz bestreuen.

Den Ofen mit dem Backblech auf 250 °C vorheizen.

Eine Pizza im Ofen 8–10 Minuten backen, bis sie goldbraun und am Rand ganz leicht angebrannt ist. Dann die Pizza aus dem Ofen nehmen und die anderen Pizzen genauso backen. Sie sollten die Pizza sofort essen, solange sie noch knusprig und heiß ist. Die Zwiebelpizzen eignen sich als Snack oder Vorspeise, aber auch als Beilage im Rahmen einer größeren Mahlzeit.

Gebackene Zwiebeln mit Sherry, Pinienkernen und Blüten

4 Personen

2 kg gemischte Zwiebeln (rote,
   gelbe, Schalotten)
100 ml Olivenöl extra Vergine
Salz und Pfeffer aus der Mühle
50 ml Sherryessig
100 ml Sherry
1 EL Honig
40 g Pinienkerne
1 Handvoll essbare Blüten
   (hier Geranien)
½ Bund frische Minze, abgezupft

Zwiebeln gegebenenfalls von Erde reinigen und in eine feuerfeste Form legen. Mit Olivenöl beträufeln und mit Salz bestreuen. Die Form in den Ofen stellen und bei 160 °C 40–45 Minuten backen, bis die Zwiebeln ganz weich und süß sind.

Essig, Sherry und Honig in einen Topf gießen und auf die Hälfte einkochen, bis die Konsistenz sirupartig ist. Den Topf vom Herd nehmen, den Sirup mit etwas Salz und Pfeffer aus der Mühle würzen. 50 ml Olivenöl und gehackte Pinienkerne hinzufügen und zu einem sämigen Dressing verrühren.

Die Zwiebeln aus dem Ofen nehmen und ein wenig abkühlen lassen. Jetzt die Wurzelansätze abschneiden und die Zwiebeln aus der Schale drücken. In kleinere Stücke schneiden und auf einer Platte anrichten, mit Dressing begießen und mit Blüten und Minzblättern garnieren. Servieren Sie den Salat als eigenständiges Gericht oder als Beilage im Rahmen einer größeren vegetarischen Mahlzeit.

Püree aus gebackenem Knoblauch mit gesalzener Zitrone, gegrilltem Brot, Radicchio und Estragon

Püree aus gebackenem Knoblauch mit gesalzener Zitrone, gegrilltem Brot, Radicchio und Estragon

4 Personen

3 ganze Knoblauchknollen
¼ gesalzene Zitrone
1 TL Akazienhonig
100 ml Olivenöl extra Vergine
Salz und Pfeffer aus der Mühle
8 Scheiben Brot
1 Radicchio
etwas frischer Estragon

Knoblauchknollen in eine feuerfeste Form legen und bei 160 °C in den Ofen stellen. 35–40 Minuten backen, bis sie weich sind. Jetzt den Knoblauch aus dem Ofen nehmen und ein wenig abkühlen lassen.

Den Knoblauch mit einem Messer oder einem Löffel aus der Schale in eine Schüssel schaben. Die gesalzene Zitrone ganz fein hacken, mit dem Knoblauch mischen. Honig hinzufügen und umrühren. Anschließend das Olivenöl nach und nach unter Rühren hinzufügen, bis Sie fast das gesamte Öl verarbeitet haben (den Rest brauchen Sie für das Brot) und ein glattes, geschmeidiges Knoblauchpüree erhalten. Mit etwas Salz und Pfeffer aus der Mühle würzen.

Die Brotscheiben mit Olivenöl beträufeln, in einer heißen Pfanne rösten, bis sie knusprig sind und eine goldbraune Oberfläche haben. Dann vom Herd nehmen.

Beim Radicchio die Blätter abtrennen, unter kaltem Wasser abspülen und gründlich abtropfen lassen. Dann die Blätter mit den Brotscheiben auf einer Platte anrichten, diese mit Knoblauchpüree bestreichen und mit Estragon garnieren. Servieren Sie die Brote als kleine Vorspeise oder als Snack zum Aperitif.

6–8 unbehandelte Zitronen
300–400 g grobes Meersalz

Gesalzene Zitronen

Zitronen waschen und jede 8- bis 10-mal mit einem Messer einstechen, damit das Salz durch die Schale in die Zitrone eindringen kann. Dann die Früchte in ein großes Einmachglas legen und gut zusammendrücken. Mit Salz auffüllen und das Glas mit dem Deckel verschließen. Die gesalzenen Zitronen sollten mindestens 1 Monat an einem dunklen, kühlen Ort stehen, bevor Sie sie verwenden.

Sie können Sie zum Würzen und Aromatisieren von gebratenem Geflügel, Fischgerichten, Eintöpfen, Suppen und Salaten nehmen. Sie haben jetzt einen edlen, komplexeren Duft. Sie können die Zitrone mit Schale verwenden, aber entfernen Sie zunächst die sichtbaren Kerne, denn dadurch wird die Zitrone unnötig bitter. Alternativ können Sie das gelbe Fruchtfleisch pürieren und in Dressings verarbeiten. Das Salz, das sich in der Zwischenzeit in eine Lake verwandelt hat, können Sie jedoch nicht weiter verwenden.

Im Januar und Februar sind Zitronen sehr aromatisch und günstig, das sind daher die besten Monate zum Einmachen der Zitronen.

Angebrannte Zwiebeln mit Pilzbouillon und Parmesan

4 gelbe Zwiebeln
500 ml Wasser
Salz
1 EL Apfelessig
300 g gemischte Pilze (Wildpilze
   oder Champignons)
1 unbehandelte Zitrone
50 g frischer Parmesan
3 EL Olivenöl extra Vergine
Salz und Pfeffer aus der Mühle

Zwiebeln schälen und halbieren. Eine Pfanne erhitzen, die Zwiebeln mit der Schnittfläche nach unten hineinlegen und 4–5 Minuten anbrennen lassen, bis sie schön verbrannt und beinahe schwarz sind. Jetzt Wasser, Salz und Essig in die Pfanne geben und die Zwiebeln 10 Minuten bei niedriger Hitze köcheln, bis sie gar sind, aber immer noch ihre Form und Biss haben. Die Pfanne vom Herd nehmen. Die Zwiebeln 5–10 Minuten ziehen und abkühlen lassen, bevor Sie sie weiter verarbeiten.

Pilze putzen: Wurzeln abschneiden und Erde abbürsten. Dann die Pilze klein schneiden (ein paar ganze Champignons zur Seite stellen). Die Pilze in einen Topf füllen, ein paar Minuten dämpfen, damit sie Flüssigkeit abgeben. Danach die Flüssigkeit von den Zwiebeln über die Pilze gießen und diese 7–8 Minuten kochen, bis die Bouillon das Pilzaroma angenommen hat. Jetzt die Bouillon vom Herd nehmen und 10 Minuten ziehen lassen. Zitronenschale fein abreiben, Saft auspressen. Die Bouillon mit Zitronensaft abschmecken.

Die angebrannten Zwiebeln in ihre Schichten zerteilen, mit der angebrannten Seite nach oben in tiefen Tellern anrichten, Pilzbouillon angießen. Parmesan über der Bouillon fein reiben, restliche Champignons in dünne Scheiben schneiden. Die Suppe mit Champignonscheiben, Zitronenabrieb, Olivenöl, Salz und Pfeffer aus der Mühle garnieren. Servieren Sie die Zwiebeln als Vorspeise, dazu ein gutes Brot.

Weiche Zwiebeln mit Spiegelei, angebrannten Tomaten und Zwiebelgrün

4 Personen

6 junge Zwiebeln mit Grün

15 g Butter

5 Zweige Thymian

Salz und Pfeffer aus der Mühle

1 unbehandelte Zitrone

20 kleine Tomaten

50 ml Olivenöl extra Vergine

4 Eier

1 Topf Kapuzinerkresse

Bei den Zwiebeln den Wurzelansatz und das Grün abschneiden. Das frische Grün zur Seite stellen. Zwiebeln schälen, halbieren, dann in hauchdünne Scheiben schneiden. Thymianblätter abzupfen und hacken. Zwiebelscheiben mit Butter, Thymian, Salz und Pfeffer aus der Mühle in einen Topf geben. Zunächst bei starker Hitze 3–4 Minuten anschwitzen, bis sie etwas Farbe angenommen haben, dann die Hitze reduzieren und bei niedriger Hitze 15–20 Minuten garen, bis sie weich und saftig sind. Zitronenschale abreiben, Saft auspressen. Zwiebeln mit Zitronenabrieb, eventuell mit noch mehr Salz und Pfeffer abschmecken.

Tomaten waschen und mit Küchenpapier abtupfen. Dann in eine heiße Pfanne geben. 2–3 Minuten auf einer Seite anbrennen lassen, wenden und auf der anderen Seite anbrennen lassen, sodass die Haut aufplatzt, die Tomaten in der Mitte aber nicht zerfallen. Tomaten in eine Schüssel geben, Olivenöl, Zitronensaft, Salz und Pfeffer aus der Mühle hinzufügen und die Tomaten leicht andrücken, damit sie die Marinade aufnehmen können.

Etwas Öl in eine Pfanne geben und die Eier hineinschlagen. Bei starker Hitze braten, bis sie auf der Unterseite knusprig sind. Spiegeleier würzen und aus der Pfanne nehmen. Mit einer großen Portion Zwiebeln und den angebrannten Tomaten im Dressing servieren. Mit Kapuzinerkresse und fein geschnittenem Zwiebelgrün garnieren.

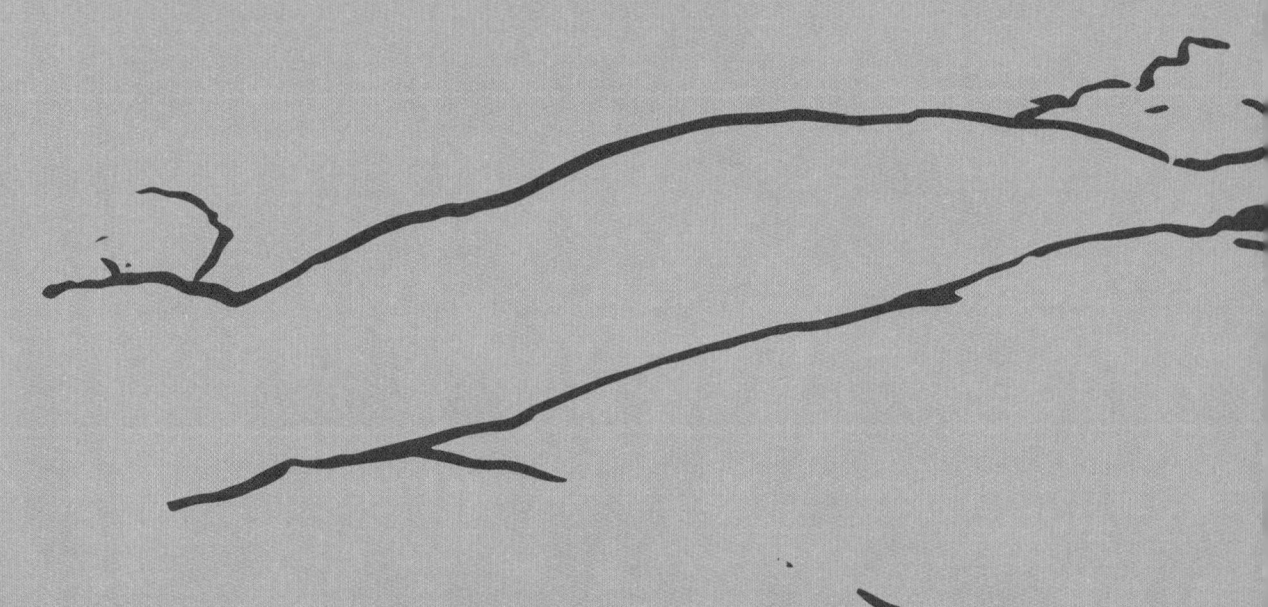

FELDER

Gebratener Palmkohl mit Schalotten, Nüssen und gebräunter Butter

4 Personen

2 Stängel Palmkohl
   (400 g ohne Stängel und Strunk)
2 Schalotten
50 g Haselnüsse
2 EL Olivenöl extra Vergine
40 g Butter
1 unbehandelte Zitrone
Salz und Pfeffer aus der Mühle

Die Kohlblätter vom Strunk befreien und rund um die Blattachse abschneiden, unter kaltem Wasser abspülen und gründlich abtropfen lassen. Schalotten schälen und in hauchdünne Ringe schneiden. Nüsse grob hacken.

Einen Bräter stark erhitzen. Öl in den Bräter geben, dann den Palmkohl hinzufügen. Bei starker Hitze 1–2 Minuten braten, bis der Kohl Farbe angenommen hat und ein wenig zusammengefallen, aber immer noch knackig ist. Mit Salz und Pfeffer würzen, Butter hinzufügen, kurz aufsprudeln lassen und leicht bräunen, sodass sie nussig duftet.

Zitronenschale fein abreiben, Saft auspressen. Nüsse hacken. Den Topf vom Herd nehmen, den Kohl mit Zitronenabrieb, -saft, Nüssen und Schalotten vermengen. Den Kohl sofort servieren, solange er noch ein bisschen knackig ist. Servieren Sie den Kohl als eigenständiges Gericht oder als Beilage im Rahmen einer größeren Mahlzeit.

Kohlsaft mit Ingwer und Apfel

4–6 Gläser

1 Stängel Grünkohl
4 Äpfel
10–15 g Ingwer

Grünkohl in kleinere Stücke teilen. Es werden alle Teile verarbeitet. Den Kohl gründlich unter kaltem Wasser abspülen und
abtropfen lassen. Äpfel waschen und in etwas kleinere Stücke
schneiden.

Grünkohl, Äpfel und Ingwer im Entsafter zu einem hübschen
grünen Saft verarbeiten. Eventuell mit noch etwas zusätzlichem
Ingwer abschmecken. Servieren Sie den Saft entweder sofort
auf Eis oder nehmen Sie ihn auf einen Ausflug mit, für eine
Extraportion Energie. Der Saft schmeckt am besten, wenn er
frisch gepresst ist, Sie können ihn aber auch einen Tag vorher
zubereiten.

Geröstetes Brot mit gebratenem Kohl, Birne und Blauschimmelkäse

4 Personen

200 g Palmkohl oder Grünkohl
  (Gewicht ohne Strunk und Stängel)
4 Scheiben Brot
50 ml Olivenöl extra Vergine
1 Birne
50 g Blauschimmelkäse
Salz und Pfeffer aus der Mühle

Kohl unter kaltem Wasser abspülen und gründlich abtropfen lassen. Die Brotscheiben mit etwas Olivenöl beträufeln und mit Salz bestreuen, dann auf dem Grill oder in einer heißen Pfanne ein paar Minuten von jeder Seite knusprig und goldbraun rösten.

Birne in dünne Spalten schneiden, den Blauschimmelkäse fein würfeln. Brotscheiben auf eine Platte legen, darauf zuerst den Kohl, dann die Birnenspalten und zum Schluss die Käsewürfel anrichten.

Kohlsuppe

4 Personen

1 kg gemischter Kohl, am besten 3–4 Sorten
  (Wirsing, Palmkohl, Grünkohl
  Rosenkohl und Schwarzkohl)
2 Knoblauchzehen
2 Schalotten
2–3 Möhren
5 Zweige Thymian
50 ml Olivenöl extra Vergine
Salz und Pfeffer aus der Mühle
1½ l Gemüsebrühe oder Wasser
1 unbehandelte Zitrone

Alle Kohlsorten unter kaltem Wasser abspülen. Gründlich abtropfen lassen und klein schneiden. Schalotten und Knoblauch schälen und grob hacken. Möhren schälen, in mundgerechte Stücke schneiden.

Thymianblätter abzupfen und hacken. In einem Topf Öl erhitzen, Knoblauch, Schalotten, Thymian und Kohl hinzufügen und im Öl braten, bis der Kohl leicht zusammenfällt. Mit Salz und Pfeffer aus der Mühle würzen. Jetzt Möhren und Brühe hinzufügen und zum Kochen bringen. Die Suppe 15 Minuten kochen, bis der Kohl weich ist und die Suppe alle Aromen aufgenommen hat.

Zitronenschale fein abreiben. Suppe mit Zitronenabrieb und eventuell mit noch mehr Salz und Pfeffer abschmecken. Dazu ein gutes Brot servieren. Sie können die Suppe auch am Vortag zubereiten und am nächsten Tag aufwärmen. Oder Sie nehmen sie mit auf einen Ausflug, entweder in der Thermoskanne oder Sie wärmen sie über dem Lagerfeuer auf.

Kohlpfannkuchen mit eingelegten Pilzen, eingelegten roten Zwiebeln und Parmesan

4 Personen

3 Eier
250 g Mehl
etwas Salz
15 g Butter
600 ml Milch
100 g gehackter Grünkohl
25 g Parmesan

500 g gemischte Pilze
   (Holzraslinge, Röhrlinge,
   Champignons oder Kräuterseitlinge)
300 ml Olivenöl extra Vergine
2 Knoblauchzehen
10 Zweige Thymian
Salz und Pfeffer aus der Mühle

2 rote Zwiebeln
etwas Salz und Zucker
50 ml Apfelessig

Eier in eine Schüssel aufschlagen und mit Mehl verquirlen. Etwas Salz hinzufügen. In einem Topf Butter schmelzen, dann unter die Eimasse rühren, sodass diese glatt und glänzend wird. Unter Rühren die Milch nach und nach hinzufügen, bis ein dünner, aber sämiger Teig entsteht. Gehackten Grünkohl hinzufügen und unterrühren.

Über dem Feuer oder auf dem Herd eine Pfanne erhitzen und etwas Pfannkuchenteig hineingeben. Die Pfanne ein wenig schwenken, damit der Teig sich in der ganzen Pfanne verteilt. Den Pfannkuchen etwa 30 Sekunden goldgelb braten, dann wenden und auf der anderen Seite fertig backen. Aus der Pfanne nehmen und warmhalten. Verfahren Sie so mit dem gesamten Pfannkuchenteig.

Die heißen Pfannkuchen mit eingelegten Pilzen, roten Zwiebeln und ein wenig gehacktem Grünkohl als Garnitur anrichten.

Eingelegte Pilze
Pilze putzen und klein schneiden. In einem Topf Öl, Knoblauch, Thymian, etwas Salz und Pfeffer aus der Mühle vorsichtig erhitzen. Wenn das Öl leicht sprudelt, Pilze hinzufügen und ca. 5 Minuten kochen. Anschließend den Topf vom Herd nehmen und die Pilze im Öl vollständig abkühlen lassen.

Eingelegte rote Zwiebeln
Rote Zwiebeln schälen, halbieren und in dünne Scheiben schneiden. Die Scheiben in eine Schüssel geben, mit etwas Salz und Zucker bestreuen, mit Essig aufgießen und alles gründlich vermengen.

Die Zwiebelscheiben 15–20 Minuten marinieren und ein wenig zusammenfallen lassen, damit sie ihre Schärfe verlieren, aber immer noch knackig sind. Sie können die Zwiebeln auch länger ziehen lassen.

TOPINAMBUR

Topinambursuppe mit gebratenen Pfifferlingen, gekochten Sonnenblumenkernen und Estragon

Topinambursuppe mit gebratenen Pfifferlingen, gekochten Sonnenblumenkernen und Estragon

4 Personen

500 g Topinamburknollen
50 ml Olivenöl extra Vergine
1 Knoblauchzehe
1 Apfel
5 Zweige Thymian
Salz und Pfeffer aus der Mühle
1 l Wasser
100 ml Sahne
1 unbehandelte Zitrone

Topinamburen gründlich waschen. Am besten verwenden Sie eine Bürste, damit die Erde vollständig entfernt wird. Topinamburknollen in größere Stücke schneiden (2 Stück aufheben, um sie in dünne Scheiben zu schneiden), mit etwas Olivenöl in einen Topf geben.

Knoblauch schälen, Apfel vom Kerngehäuse befreien und grob würfeln. Beides zu den Topinamburstücken in den Topf geben und das Ganze 3–4 Minuten anschwitzen, bis es etwas zusammengefallen ist. Thymian, Salz, Pfeffer aus der Mühle und Wasser hinzufügen und zum Kochen bringen. Die Suppe bei niedriger Hitze 10–15 Minuten kochen, bis das Gemüse weich ist.

Thymianzweige herausnehmen, Sahne angießen. Dann die Suppe weitere 2 Minuten kochen. Zitronenschale fein abreiben, Saft auspressen. Im Mixer oder mit dem Pürierstab zu einer glatten, cremigen Suppe verarbeiten und mit Zitronenabrieb und -saft abschmecken.

Die Suppe warmhalten, während Sie die Einlagen zubereiten. Die heiße Suppe mit gebratenen Pfifferlingen, gekochten Sonnenblumenkernen, Topinamburscheiben und Estragon servieren. Dazu ein gutes Brot.

200 g Pfifferlinge
1 EL Olivenöl extra Vergine
etwas Salz und Pfeffer aus der Mühle
50 g Sonnenblumenkerne
½ Bund frischer Estragon

Einlagen

Die verbliebenen zwei Topinamburknollen auf einer Mandolinenreibe in hauchdünne Scheiben schneiden, in eine Schüssel mit kaltem Wasser legen.

Pfifferlinge abbürsten und Erde entfernen. In einer Pfanne Öl erhitzen und darin die Pfifferlinge ein paar Minuten braten, bis sie knusprig und goldbraun sind. Mit Salz und Pfeffer aus der Mühle würzen.

Sonnenblumenkerne in einen Topf geben, mit Wasser bedecken, eine Prise Salz hinzufügen und zum Kochen bringen. Sonnenblumenkerne kochen, bis das Wasser vollständig verkocht ist. Dann in eine Schüssel füllen und ein wenig abkühlen lassen.

Estragon waschen und die Blätter abzupfen.

Gebackene Topinambur mit Grünkohl, Schalotten und Granatapfeldressing

4 Personen

1 kg Topinamburknollen
100 ml Olivenöl extra Vergine
Salz und Pfeffer aus der Mühle
200 g abgezupfter Grünkohl (rot oder grün)
50 ml Apfelessig
1 EL Akazienhonig
1 Granatapfel
2 Schalotten

Topinamburknollen gründlich waschen, eventuell mit einer Bürste schrubben und von Erde befreien. Dann in größere Stücke schneiden und in eine feuerfeste Form geben. Mit etwas Olivenöl beträufeln, mit Salz und Pfeffer aus der Mühle bestreuen.

Topinamburstücke bei 180 °C 15–20 Minuten im Ofen backen, bis sie weich sind, aber immer noch etwas Biss haben. Dann aus dem Ofen nehmen und ein wenig abkühlen lassen.

Grünkohl waschen und klein schneiden. Gründlich abtropfen lassen. Essig, Honig sowie Salz und Pfeffer aus der Mühle verrühren, dann unter Rühren das Öl hinzufügen, bis ein sämiges Dressing entsteht.

Granatapfel halbieren, mit einem Löffel auf die Schale schlagen, sodass die Kerne in eine Schüssel fallen. Granatapfelkerne und -saft zum Dressing geben und 5 Minuten ziehen lassen.

Schalotten schälen und in hauchdünne Ringe schneiden. Gebackene Topinamburstücke mit Grünkohl und Schalotten vermengen. Mit dem Dressing begießen und alles gründlich durchmischen. Servieren Sie das Gericht entweder als eigenständigen Salat oder als Beilage im Rahmen einer größeren Mahlzeit.

Rohe Topinambur mit Pesto, Zitronenabrieb und geröstetem Brot

4 Personen

400 g Topinamburknollen
1 Bund frisches Basilikum
1 Bund frische Petersilie
25 g Haselnüsse
25 g Sonnenblumenkerne
25 g geriebener Parmesan
150 ml Olivenöl extra Vergine
Salz und Pfeffer aus der Mühle
4 Scheiben Brot vom Vortag
1 unbehandelte Zitrone

Topinamburknollen gründlich waschen, eventuell mit einer Bürste schrubben und von Erde befreien. Dann auf einer Mandolinenreibe in hauchdünne Scheiben schneiden. Die Scheiben in eine Schüssel mit kaltem Wasser legen, bis sie spröde werden.

Basilikum und Petersilie waschen. Kräuter abtropfen lassen, dann zusammen mit Nüssen, Sonnenblumenkernen, Parmesan, ⅔ des Olivenöls, Salz und Pfeffer aus der Mühle in einen Mixer geben. Zu einem grünen Pesto pürieren und das Pesto in eine Schüssel füllen.

Brot in größere Stücke schneiden, in eine Pfanne mit Olivenöl geben und 6–7 Minuten braten, bis die Brotstücke Farbe bekommen und an einigen Stellen schon knusprig, an anderen noch weich sind. Mit etwas Salz bestreuen und aus der Pfanne nehmen.

Die Topinamburscheiben gründlich abtropfen lassen und auf Tellern oder einer Platte anrichten. Zitronenschale fein abreiben. Topinamburscheiben mit Pesto beträufeln und mit Zitronenabrieb und Brotstücken garnieren. Zum Schluss eventuell mit ein wenig Salz bestreuen. Servieren Sie das Gericht als eigenständiges Mittagessen, als Vorspeise oder als Beilage im Rahmen einer größeren Mahlzeit.

Topinamburpüree mit angebrannten Zwiebeln, Topinamburmilch und Kresseöl

Topinamburpüree mit angebrannten Zwiebeln, Topinamburmilch und Kresseöl

4 Personen

900 g Topinamburknollen
50 ml Olivenöl extra Vergine
20 g Butter
3 EL Apfelessig
Salz und Pfeffer aus der Mühle

Topinamburen gründlich waschen. Gegebenenfalls eine Bürste verwenden, um die Erde vollständig zu entfernen. Die Knollen grob würfeln (2 Stück aufheben, um sie in dünne Scheiben zu schneiden), mit etwas Olivenöl in einen Topf geben. 2 Minuten leicht anschwitzen. Wasser hinzufügen, bis sie gerade bedeckt sind, und zum Kochen bringen. Tompinamburstücke ca. 15 Minuten kochen, bis sie weich sind. Anschließend in einen Durchschlag abgießen und abtropfen lassen.

Dann die Topinamburstücke in einem Mixer mit Öl, Butter, Essig, Salz und Pfeffer aus der Mühle zu einem glatten Püree verarbeiten. Das Püree in einen Topf füllen und warmhalten.

In der Mitte eines Tellers das lauwarme Püree anrichten, angebrannte Zwiebelschichten darauflegen und mit dünnen Scheiben aus rohen Topinamburknollen, Topinamburmilch und Kresseöl garnieren. Zum Schluss mit Kresse bestreuen.
Mit einer Scheibe gutem Brot eignet sich das Gericht als Vorspeise oder Hauptgericht.

4 gelbe Zwiebeln
500 ml Wasser
Salz
1 EL Apfelessig

100 g Topinamburknollen
300 ml Buttermilch
Salz und Pfeffer aus der Mühle

2 Packungen Kresse
2 EL Olivenöl extra Vergine
Salz und Pfeffer aus der Mühle

Angebrannte Zwiebelschichten

Zwiebeln schälen und halbieren. Eine Pfanne erhitzen und die Zwiebeln mit der Schnittfläche nach unten hineinlegen. 4–5 Minuten anbrennen lassen, bis sie knusprig und schwarz sind.

Jetzt Wasser, Salz und Essig in die Pfanne geben und die Zwiebeln 10 Minuten bei niedriger Hitze köcheln, bis sie gar sind, aber immer noch ihre Form und Biss haben.

Die Pfanne vom Herd nehmen. Die Zwiebeln 5–10 Minuten ziehen und abkühlen lassen, bevor Sie sie weiter verarbeiten.

Topinamburmilch

Topinamburknollen gründlich waschen und reiben. In eine Schüssel füllen, mit Buttermilch begießen und 15–20 Minuten ziehen lassen. Anschließend das Ganze durch ein feinmaschiges Sieb gießen und die geriebene Topinambur gründlich ausdrücken. So erhalten Sie eine ganz glatte Topinamburmilch. Mit Salz und Pfeffer aus der Mühle würzen.

Kresseöl

1 ½ Packungen Kresse, Öl, Salz und Pfeffer in einen Mixer geben und zu einem glatten grünen Öl pürieren. In eine Schüssel durchsieben.

Topinambur in Kokos
mit roten Linsen und Currypaste

4 Personen

1 kg Topinamburknollen
2 EL Olivenöl extra Vergine
1 Knoblauchzehe
1 Fenchel
½ frische rote Chilischote
10 g frischer Ingwer
2 EL rote Currypaste
200 g rote Linsen
500 ml Wasser
3 Limetten
800 ml Kokosmilch (2 Dosen)
2 rote Zwiebeln
Salz
1 Bund frischer Koriander
1 Bund frische Minze

Topinamburen gründlich waschen. Gegebenenfalls eine Bürste verwenden, um die Erde vollständig zu entfernen. In einem Topf Olivenöl erhitzen, Topinamburknollen hinzufügen. Ein paar Minuten braten, bis sie rundum leicht gebräunt sind.

Knoblauch schälen und fein hacken. Beim Fenchel Strunk und Grün abschneiden und ihn längs halbieren. Diese beiden Teile fein hacken. Knoblauch und Fenchel zu den Topinamburknollen hinzufügen und ein bisschen anschwitzen lassen.

Chilischote und Ingwer fein hacken, dann zusammen mit der Currypaste zugeben und 1 Minute anbraten. Danach die Linsen hinzufügen und alles gründlich vermengen.
2 Limetten auspressen. Zum Schluss Wasser, Limettensaft und Kokosmilch angießen. Das Ganze zum Kochen bringen, dann bei niedriger Hitze 25–30 Minuten köcheln lassen, bis Linsen und Topinambur weich sind. Achtung: Wenn die Kokosmilch zu heiß wird und zu stark einkocht, kann sie gerinnen. Falls das passiert, können Sie noch etwas Wasser hinzufügen und alles erneut einkochen.

Rote Zwiebeln schälen, halbieren und fein schneiden. Verbliebene Limette auspressen, Schale abreiben. Zwiebeln mit Limettensaft und -abrieb sowie Salz vermengen. Zwiebeln 15–20 Minuten marinieren, bis sie ihre Schärfe verlieren, aber immer noch Biss haben.

Den Topf vom Herd nehmen und das Gericht mit noch mehr Chili, Ingwer, Currypaste und Limette abschmecken. Zum Schluss mit marinierten Zwiebeln sowie Minz- und Korianderblättern garnieren.

ROTE BETE

Salat aus jungen gegrillten Beten, Schalotten, Meerrettich und schwarzen Johannisbeeren

4 Personen

16 junge Beten mit Grün
  (rote, Tonda di Chioggia und gelbe)
50 ml Olivenöl extra Vergine
Salz und Pfeffer aus der Mühle
5 Zweige Zitronenthymian
5 Zweige Zitronenmelisse
100 g frische oder tiefgekühlte schwarze
  Johannisbeeren
2 EL Honig
50 ml Johannisbeeressig oder ein anderer
  dunkler Obstessig
2 Schalotten
10–15 g fein geriebener Meerrettich

Bei den Beten das Grün so abschneiden, dass 5–10 cm stehenbleiben. Die schönsten kleinen Blätter aufheben. Die Beten gründlich unter kaltem Wasser waschen und die Erde entfernen. Von oben nach unten durchschneiden, sodass beide Hälften ein bisschen Grün haben, und auf ein mit Backpapier ausgelegtes Backblech legen. Kräuter abzupfen. Beten mit Olivenöl beträufeln, mit Salz und Pfeffer aus der Mühle und Kräutern bestreuen.

Bei eingeschalteter Grillstufe in den auf 220 °C vorgeheizten Backofen stellen. Die Beten 10–15 Minuten backen, bis sie weich und ein wenig angebrannt sind. Dann aus dem Ofen nehmen und etwas abkühlen lassen. Sie können sie natürlich auch auf einem richtigen Grill zubereiten, da werden sie sogar fast noch besser, weil sie auch noch Raucharoma bekommen.

In einen kleinen Topf Johannisbeeren, Honig, Essig und das Öl von den gegrillten Beten geben (wenn Sie die Beten auf dem Grill zubereitet haben, bleibt kaum Öl übrig, dann müssen Sie etwas zusätzliches Öl hinzufügen). Jetzt die Beeren vorsichtig erhitzen, bis sie gerade aufplatzen und Essig und Honig aufnehmen können. Mit etwas Salz und Pfeffer aus der Mühle würzen.

Schalotten schälen und in hauchdünne Scheiben schneiden. Die gegrillten Beten auf einer Platte oder auf Tellern anrichten, Schalotten, Meerrettich und das lauwarme Johannisbeerdressing darauf verteilen. Mit dem jungen, frischen Grün von den Beten garnieren und die Beten als eigenständiges Gericht oder im Rahmen einer größeren Mahlzeit servieren.

Rote-Bete-Püree mit gerösteten Kichererbsen, Joghurt, Kreuzkümmel und rotem Sauerklee

4 Personen

100 g Kichererbsen

800 g rote Beten
2 Schalotten
1 Knoblauchzehe
100 ml Olivenöl extra Vergine
200 ml Wasser
Salz und Pfeffer aus der Mühle
1 unbehandelte Zitrone
1 TL Akazienhonig
1 TL ganzer Kreuzkümmel
200 ml Naturjoghurt
1 Handvoll roter Sauerklee

Kichererbsen mindestens 12 Stunden lang in kaltem Wasser einweichen. Am nächsten Tag: Kichererbsen abspülen und in einen Topf mit sauberem Wasser geben. Aufkochen und 45 Minuten kochen, bis sie weich sind, aber immer noch etwas Biss haben. Dann die Kichererbsen vom Herd nehmen und abkühlen lassen.

Rote Beten waschen und in eine feuerfeste Form füllen. Mit etwas Salz bestreuen, im Ofen bei 180 °C ca. 1 Stunde backen, bis sie weich sind. Dann aus dem Ofen nehmen und die Haut abziehen, solange sie noch warm sind.

Schalotten und Knoblauch schälen und grob hacken, mit etwas Olivenöl in einen Topf geben. Rote Beten in grobe Stücke schneiden, hinzufügen und ein paar Minuten anschwitzen. 200 ml Wasser angießen, mit Salz und Pfeffer aus der Mühle würzen und zum Kochen bringen. Ca. 10 Minuten kochen lassen, bis die Schalotten weich sind und mit den Beten zusammengekocht sind.

Zitronenschale fein abreiben, Zitronensaft auspressen. Das Ganze in einen Mixer oder eine Küchenmaschine füllen, mit Zitronenabrieb und -saft, Honig, 50 ml Olivenöl, Salz und Pfeffer aus der Mühle zu einem glatten Püree verarbeiten.

Die gekochten Kichererbsen mit etwas Olivenöl in eine Pfanne geben und bei mittlerer Hitze 3–4 Minuten rösten, bis sie knusprig und goldbraun sind. Zum Schluss mit leicht zerstoßenem Kreuzkümmel und Salz würzen.

Das Rote-Bete-Püree auf Tellern oder in einer Schüssel anrichten, mit den gerösteten Kichererbsen und einem reichlichen Klecks Joghurt garnieren. Mit Sauerklee bestreuen und mit etwas Olivenöl beträufeln. Eine Scheibe gutes Brot passt dazu.

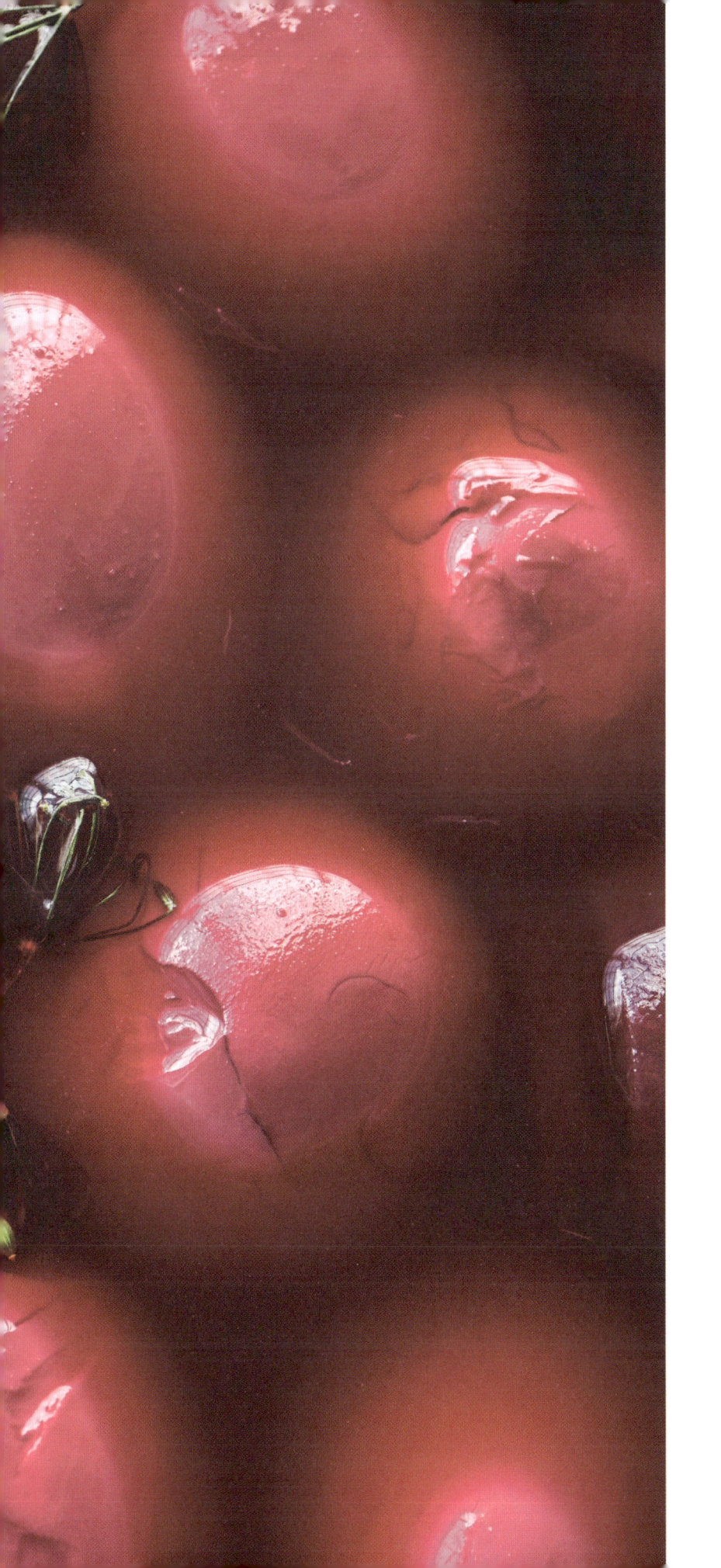

Mit roter Bete eingelegte Eier mit angebranntem Lauch, Mayonnaise und Kapuzinerkresse

Mit roter Bete eingelegte Eier mit angebranntem Lauch, Mayonnaise und Kapuzinerkresse

4 Personen

2 rote Beten
200 ml Apfelessig
90 g Zucker
200 ml Wasser
1 Dolde Dill
15 ganze schwarze Pfefferkörner
etwas Salz
12 Eier

Rote Bete in einem Topf mit Wasser gerade bedecken und ca. 45 Minuten kochen, bis sie weich sind. Essig, Zucker, Wasser und Gewürze und in einen anderen Topf geben und zum Kochen bringen.

Den Topf mit den roten Beten vom Herd nehmen, damit sie im Kochwasser noch ein wenig nachziehen und abkühlen können. Dann die Beten mit kaltem Wasser abschrecken und die Haut abreiben. Rote Beten in 1 cm dicke Scheiben schneiden, diese in den Essigsud legen.

In einem weiteren Topf die Eier mit Wasser bedecken und aufkochen. 5 Minuten kochen, dann in kaltes Wasser legen, damit sie nicht weiter garen. Eier pellen. In den Rote-Bete-Sud legen und mindestens 24 Stunden ziehen lassen, damit sie das Aroma des Suds annehmen. Sie können sie bis zu 3 Wochen im Sud liegen lassen. Und den Sud können Sie aufkochen und wiederverwenden.

2 große Stangen Lauch
2 EL Olivenöl extra Vergine
Salz und Pfeffer aus der Mühle
1 rote Bete (Tonda di Chioggia)
100 ml Mayonnaise
1 Topf Kapuzinerkresse

2 Bio-Eigelbe
1 EL Senf
1 EL Apfelessig
Salz und Pfeffer aus der Mühle
150–200 ml Rapsöl

Angebrannter Lauch

Beim Lauch den Wurzelansatz und den äußersten, trockenen Teil des Grüns abschneiden, das Grün kreuzweise einschneiden und unter kaltem Wasser gründlich waschen. Die Stangen in eine feuerfeste Form legen und mit Olivenöl beträufeln, mit Salz und Pfeffer aus der Mühle würzen. Lauch bei 180 °C 20–25 Minuten im Ofen backen, bis er außen ordentlich angebrannt, innen aber ganz zart und weich ist.

Rote Bete schälen und auf einer Mandolinenreibe in hauchdünne Scheiben schneiden. Dann die Scheiben in eine Schüssel mit kaltem Wasser legen, sodass sie spröde werden. Den Lauch aus dem Ofen nehmen und ein wenig abkühlen lassen.

Dann die Stangen in lange Streifen zerteilen und diese mit Mayonnaise, halbierten Eiern, Bete-Scheiben und Kapuzinerkresse anrichten.

Mayonnaise

Eigelbe mit Senf, Essig, Salz und Pfeffer aus der Mühle zu einer leicht zähflüssigen Masse verrühren. Danach das Öl unter Rühren nach und nach hinzufügen, bis Sie eine dickflüssige, cremige Mayonnaise erhalten. Eventuell mit noch etwas Salz, Pfeffer und Essig würzen.

In Salz gebackene rote Bete mit Burrata, Korianderblüten, Olivenöl und siebenjährigem Apfelessig

In Salz gebackene rote Bete mit Burrata, Korianderblüten, Olivenöl und siebenjährigem Apfelessig

4 Personen

1 kg junge rote Beten
500 g Salz
2 EL Apfelessig
1 TL Akazienhonig
50 ml Olivenöl extra Vergine
Salz und Pfeffer aus der Mühle
3 EL Buchweizenkerne
2 Burrata
4 EL siebenjähriger Apfelessig
  (oder auch ein zwölfjähriger Balsamico)
1 Handvoll Korianderblüten,
  andere essbare Blüten oder
  frischer Koriander

Rote Beten waschen, das Grün großzügig dranlassen. Abtropfen lassen, anschließend in eine feuerfeste Form füllen. Das Salz darübergeben. Rote Beten bei 170 °C 70–80 Minuten im Ofen backen, bis sie weich und mürbe sind. Dann aus dem Ofen nehmen und ein wenig abkühlen lassen.

Rote Beten aus dem Salz nehmen und mit einem Schälmesser die Haut abziehen. In grobe Stücke schneiden, mit Apfelessig, Honig, der Hälfte des Öls sowie mit Salz und Pfeffer aus der Mühle vermengen, damit sie die Aromen noch aufnehmen, solange sie warm sind.

In einer heißen Pfanne die Buchweizenkerne rösten, bis sie duften und zu »poppen« beginnen. Rote-Bete-Stücke auf Tellern anrichten, Burrata in Stücke teilen und auf der roten Bete verteilen, alles mit dem restlichen Olivenöl und dem Apfelessig beträufeln, mit Korianderblüten und anderen essbaren Blüten sowie dem gerösteten Buchweizen garnieren.

Gebackene rote Bete mit Kirschen, weißer Schokoladencreme, Apfel-Rosen und Streuseln

Gebackene rote Bete mit Kirschen, weißer Schokoladencreme, Apfel-Rosen und Streuseln

4 Personen

500 g rote Beten
1 unbehandelte Zitrone
1 TL Honig
300 g frische Kirschen
2 Handvoll Apfel-Rosen

200 g weiße Schokolade
150 ml Schlagsahne

Rote Bete gründlich von Erde befreien und auf ein mit Backpapier ausgelegtes Backblech legen. Im Ofen bei 150 °C je nach Größe 2 ½–3 Stunden backen, bis sie verschrumpelt und runzelig, aber auch mürbe und süß geworden sind. Rote Beten aus dem Ofen nehmen und die Haut abziehen, solange sie noch warm sind.

Danach klein schneiden und in eine Schüssel geben. Zitronenschale fein abreiben, Saft auspressen. Rote Beten mit Zitronenabrieb, -saft und Honig marinieren, zwischendurch immer wieder mischen. Kirschen entsteinen, mit den Rote-Bete-Stücken vermengen.

Rote Beten und Kirschen in tiefen Tellern oder Schüsseln anrichten, darauf kleine Kleckse der weißen Schokoladencreme und Apfel-Rosen geben und zum Schluss mit Streuseln garnieren.

Weiße Schokoladencreme

Weiße Schokolade hacken und in eine Schüssel füllen. In einem Topf die Sahne gerade bis zum Siedepunkt erhitzen. Vom Herd nehmen und die heiße Sahne unter ständigem Rühren über die Schokolade gießen, bis diese komplett geschmolzen ist.

Die Creme in den Kühlschrank stellen und vollständig abkühlen lassen. Sie können sie auch einen Tag vorher zubereiten. Creme aus dem Kühlschrank nehmen, wenn sie ganz kalt ist, vorsichtig mit einem Schneebesen aufschlagen, bis sie die Konsistenz einer leicht flüssigen Schlagsahne hat.

50 g weiße Schokolade
25 g Mandeln
25 g Kürbiskerne
1 TL Lakritzpulver

Einlage

Weiße Schokolade fein hacken. Auf ein mit Backpapier ausgelegtes Backblech legen, bei 160 °C im Ofen 8–10 Minuten backen, bis die Schokolade eine goldbraune Farbe hat und knusprig ist. Achten Sie aber darauf, dass sie nicht verbrennt.

Mandeln und Kürbiskerne auf einem weiteren Backblech gleichzeitig im Ofen backen, sodass sie goldgelb werden und duften.

Schokolade aus dem Ofen nehmen und abkühlen lassen. Eventuell Mandeln und Kürbiskerne etwas länger backen. Beides vollständig abkühlen lassen, dann mit dem Lakritzpulver in einen Mixer oder eine Küchenmaschine geben. Zu feinen Streuseln verarbeiten.

In einem luftdicht verschließbaren Behälter können Sie die Streusel aufbewahren, bis Sie sie verwenden. Es lohnt sich, gleich eine größere Portion zuzubereiten.

SELLERIE

Selleriepüree mit in Hopfen eingelegtem Sellerie, Apfel, Estragon und Semmelbröseln

Selleriepüree mit in Hopfen eingelegtem Sellerie, Apfel, Estragon und Semmelbröseln

4 Personen

1 große Sellerieknolle (ca. 1 kg)
25 g Butter
50 ml Naturjoghurt
1 unbehandelte Zitrone
1 TL Akazienhonig
Salz und Pfeffer aus der Mühle
2 Scheiben Brot vom Vortag
2 EL Olivenöl extra Vergine
1 Apfel
1 Bund frischer Estragon

Sellerieknolle schälen und unter kaltem Wasser abspülen. Dann die Knolle vierteln, drei Teile in einen Topf legen, das letzte Viertel zum Einlegen aufheben. Wasser hinzufügen, bis der Sellerie gerade bedeckt ist, und zum Kochen bringen. Den Sellerie ca. 15 Minuten kochen, bis er weich ist, aber noch ein wenig Festigkeit aufweist.

Anschließend das Wasser abgießen (ein bisschen Kochwasser aufheben, um das Püree gegebenenfalls zu verdünnen). Zitronenschale fein abreiben, Zitrone auspressen. Den Sellerie in einem Mixer oder einer Küchenmaschine mit Butter, Joghurt, Zitronenabrieb und -saft, Honig, Salz und Pfeffer aus der Mühle pürieren. Das Püree in eine Schüssel füllen.

Brotscheiben auf ein Rost legen, mit Olivenöl beträufeln, mit Salz bestreuen und im Ofen 10–15 Minuten backen, bis sie knusprig und richtig trocken sind. Aus dem Ofen nehmen und ein wenig abkühlen lassen. Jetzt das Brot und die Hälfte des Estragons in einer Küchenmaschine zu feinen Krümeln verarbeiten. Die Krümel in eine Schüssel geben.

Apfel waschen und auf einer Mandolinenreibe in hauchdünne Scheiben schneiden. Apfelscheiben und eingelegten Sellerie auf dem Selleriepüree anrichten, mit Brotkrümeln und Estragon bestreuen. Servieren Sie das Selleriepüree als Beilage im Rahmen einer größeren Mahlzeit.

100 ml Apfelessig
100 ml Wasser
45 g Zucker
6–8 frische Hopfendolden
  (ersatzweise getrocknete oder India Pale Ale,
  ein sehr hopfenreiches Bier)
¼ Sellerie

In Hopfen eingelegter Sellerie

Essig, Wasser, Zucker und Hopfen in einen Topf geben und zum Kochen bringen. Den Sellerie auf einer Mandolinenreibe in hauchdünne Scheiben schneiden. Den Sud vom Herd nehmen, die Selleriescheiben in den noch heißen Sud geben und ein paar Stunden ziehen lassen, bevor Sie sie servieren. Den in Hopfen eingelegten Sellerie können Sie mehrere Wochen aufbewahren.

In Butter gebratener ganzer Sellerie mit Salbei, Rosmarin, Knoblauch, dazu Vinaigrette mit gesalzenen grünen Holunderbeeren, Schalotten und Walnüssen

4 Personen

4 kleine junge Sellerieknollen
  (jede etwa so groß wie ein
  Tennisball) oder 2 etwas größere
50 g Butter
3 Knoblauchzehen
2 Zweige Salbei
2 Zweige Rosmarin
2 Schalotten
50 ml Apfelessig
1 TL Akazienhonig
100 ml Olivenöl extra Vergine
Salz und Pfeffer aus der Mühle
40 g Walnüsse
2 EL gesalzene grüne Holunderbeeren
  (oder Kapern)
25 g Parmesan

Sellerieknollen schälen. Achten Sie darauf, nicht zu viel der jungen Knollen wegzunehmen. Vom Grün etwas dranlassen. Die Sellerieknollen gründlich waschen, denn gerade im Grün kann sich noch Erde verstecken.

40 g Butter, die ganzen Knoblauchzehen, Salbei und Rosmarin in einen Topf geben, die Butter kurz aufsprudeln lassen. Die Sellerieknollen hinzufügen und bei niedriger Hitze in Butter und Kräutern braten. Dabei immer wieder wenden, damit sie ringsum schön angebraten sind und gleichzeitig das Aroma von Butter und Kräutern aufnehmen. Den Sellerie 15–20 Minuten braten, bis er weich ist, aber noch ein wenig Festigkeit aufweist. Achten Sie darauf, dass die Butter nicht zu braun wird und beim Braten anbrennt, denn sonst wird das Gericht bitter. Jetzt die restliche Butter hinzufügen, kurz aufsprudeln lassen.

Schalotten schälen und in hauchdünne Scheiben schneiden. Essig, Honig und Olivenöl zu einem Dressing verrühren, mit Salz und Pfeffer aus der Mühle würzen. Walnüsse hacken. Schalotten, gehackte Walnüsse und gesalzene Holunderbeeren unter das Dressing rühren. Die gebräunte Butter aus dem Sellerietopf zum Dressing geben und alles gründlich mischen.

Die Sellerieknollen durchschneiden und auf Tellern oder einer Platte anrichten, mit dem Dressing begießen. Eventuell mit noch mehr Salz und Pfeffer aus der Mühle würzen. Servieren Sie den Sellerie sofort, solange er und das Dressing noch leicht warm sind. Denn wenn das Dressing zu kalt wird, könnte die Butter verklumpen. Dazu ein gutes Brot servieren.

In Salz gebackener Sellerie mit Pilzen, Esskastanien, Backpflaumen und Kapuzinerkresse

4 Personen

1 große Sellerieknolle

2 kg grobes Salz (kann aufgehoben
  und erneut verwendet werden)

300 g frische Esskastanien

300 g gemischte Pilze
  (Pfifferlinge, Röhrlinge,
  Holzraslinge, Champignons)

100 ml Olivenöl extra Vergine

Salz und Pfeffer aus der Mühle

50 g Backpflaumen ohne Stein

50 ml Apfelessig

1 TL Akazienhonig

1 Topf Kapuzinerkresse

Sellerie sehr gründlich waschen und von Erde befreien. In eine feuerfeste Schüssel oder einen kleinen Topf geben und mit grobem Salz vollständig bedecken. Den Sellerie im Ofen bei 170 °C 2 ½–3 Stunden im Ofen backen, bis er ganz weich ist.

Die Esskastanien oben einschneiden und in eine kleine Form füllen. Ebenfalls im Ofen 15–20 Minuten backen, bis sie aufplatzen. Aus dem Ofen nehmen und ein wenig abkühlen lassen. Schale abziehen und die Esskastanien grob hacken.

In einer Pfanne etwas Öl erhitzen und darin die Pilze 2–3 Minuten bei starker Hitze braten, bis sie leicht zusammenfallen. Mit Salz und Pfeffer würzen. Die Pilze mit den grob gehackten Esskastanien in eine Schüssel geben. Backpflaumen klein schneiden und hinzufügen. In einer weiteren Schüssel ein Dressing aus Essig, Honig, Öl, Salz und Pfeffer aus der Mühle anrühren und über die Pilze, Backpflaumen und Esskastanien gießen.

Den Sellerie aus dem Ofen nehmen, das Salz abbürsten und den Sellerie in größere Stücke schneiden. Auf einer Platte anrichten. Mit dem Dressing begießen und mit ein wenig Kapuzinerkresse garnieren. Servieren Sie den Sellerie entweder als eigenständiges Gericht oder als Beilage zu einer größeren Mahlzeit.

Selleriegratin mit Ziegenkäse, Brot, Palmkohl, mildem Chili und Olivenöl

4 Personen

1 große Sellerieknolle
4 Scheiben Brot vom Vortag
Salz und Pfeffer aus der Mühle
100 g Ziegenfrischkäse
5 Zweige Thymian
100 ml Olivenöl extra Vergine
1 Stängel Palmkohl
Chiliflocken

Sellerie schälen, unter kaltem Wasser abspülen und in größere Stücke schneiden. Diese in einen Topf geben und gerade so mit Wasser bedecken. Etwas Salz hinzufügen und das Wasser zum Kochen bringen. Den Sellerie 10–15 Minuten kochen, bis er weich ist, aber noch ein wenig Festigkeit aufweist.

Dann das Wasser abgießen, Sellerie in eine feuerfeste Form geben und mit einer Gabel leicht zerdrücken. Das Brot grob würfeln und auf dem Sellerie verteilen. Mit Salz und Pfeffer aus der Mühle würzen. Auf die Brotwürfel Frischkäsekleckse geben, das Ganze mit Thymian bestreuen und mit Olivenöl beträufeln, dann leicht zusammendrücken, damit das Brot Käse und Öl aufsaugt.

Das Gratin bei 180 °C im vorgeheizten Ofen 25–30 Minuten backen, bis die Oberfläche goldgelb und knusprig ist.

Palmkohl vom Strunk und von der Blattachse befreien. Die Blätter waschen und gründlich abtropfen lassen. In einer Pfanne Öl erhitzen und den Palmkohl bei starker Hitze 1–2 Minuten braten, bis er an einigen Stellen leicht angebrannt ist, an anderen Stellen noch knackig und roh. Gegebenenfalls den Kohl in mehreren Portionen braten. Mit Salz, Pfeffer aus der Mühle und etwas zerstoßenem Chili würzen.

Gratin aus dem Ofen nehmen und mit dem gebratenen Palmkohl servieren. Servieren Sie das Gratin als Hauptgericht oder als Beilage im Rahmen einer größeren vegetarischen Mahlzeit.

Selleriesalat mit Senf, Joghurt, Basilikum und Oliven

4 Personen

1 Sellerieknolle
200 ml griechischer Joghurt
1 EL Senf
2 EL Apfelessig
1 EL Akazienhonig
Salz und Pfeffer aus der Mühle
10 große grüne Oliven
1 Bund frisches Basilikum

Sellerie schälen, unter kaltem Wasser abspülen und in 4 Stücke schneiden. Auf einer Reibe grob reiben und in eine Schüssel geben.

Joghurt, Senf, Essig und Honig zu einem Dressing verrühren, mit Salz und Pfeffer aus der Mühle würzen. Das Dressing mit dem geriebenen Sellerie gründlich vermengen.

Oliven entsteinen und klein schneiden. Basilikum hacken und unter den Selleriesalat heben.

Den Selleriesalat auf einer Platte anrichten und mit etwas Basilikum bestreuen. Servieren Sie den Salat als Beilage im Rahmen einer größeren vegetarischen Mahlzeit.

SAISONKALENDER

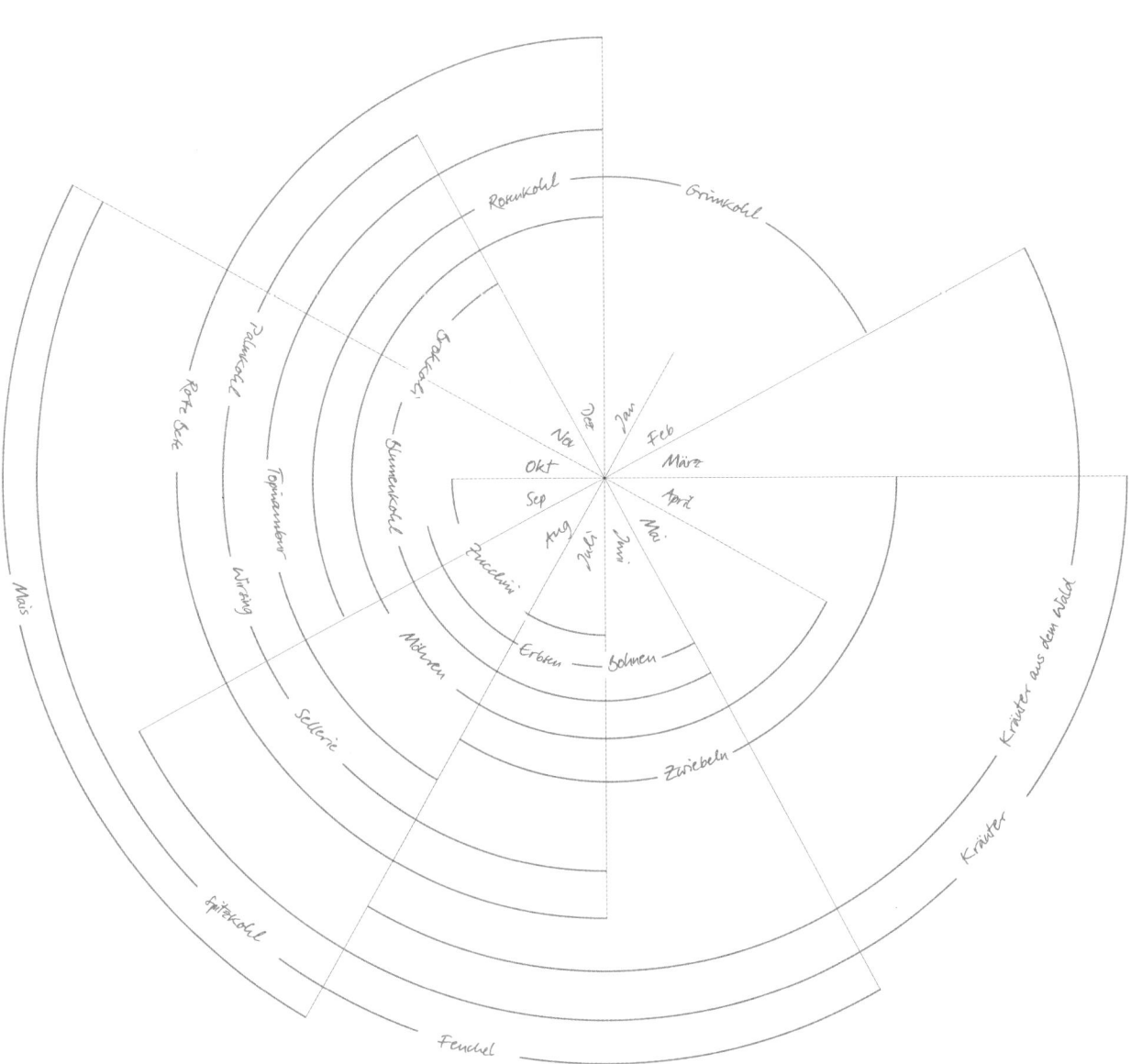

Grünkohl

Rosenkohl

Palmkohl

Rote Bete

Topinambur

Mais

Wirsing

Blumenkohl

Zucchini

Möhren

Sellerie

Erbsen

Bohnen

Zwiebeln

Spitzkohl

Fenchel

Kräuter

Kräuter aus dem Wald

Dez   Jan   Feb

Nov   März

Okt   April

Sep   Mai

Aug   Juni

Juli

Register

Danksagung

Anders, weil wir wieder einmal ein so schönes Buchprojekt zusammen realisieren konnten, für Deine wunderschönen Bilder, für unsere Ausflüge und die Zeit, die wir zusammen verbracht haben, für unsere Gespräche und unsere Freundschaft. Wir wissen inzwischen, wie wir die Dinge haben möchten, ohne dass wir viel sagen müssen ... bald sind wir wie ein altes Ehepaar.

Sidsel, für die Kreation dieses hübschen, grünen Universums, das sich durch das ganze Buch zieht. DANKE!

Trine Ravn, für unsere kleinen Kämpfe, Deine Unterstützung und Deinen Glauben an noch ein Karstad-/Schønnemann-Projekt.

All the Way to Paris, Tanja, Josefin und Petra, für schöne Illustrationen, dafür, dass Ihr einige Eurer Ideen durchgesetzt habt, und für die wunderbare grafische Gestaltung des Buchs.

Anne Frovin, für Verständnis und Strenge – wieder einmal ein Vergnügen.

Birkemosegård auf Odden, weil wir auf Euren hübschen Kohlfeldern an einem unglaublich kalten und schönen Januartag sein durften.

Dem Hof Grønholtgård auf der Insel, für Eure Zeit und Euer Interesse und dafür, dass ich Euer fantastisches Gemüse verwenden durfte.

Dem Hof Brunbjerggård, für Eure Gastfreundschaft und dafür, dass ich mich in Eurem unglaublichen Maisdschungel verirren durfte.

Meiner kleinen Familie, Alma, Viggo, Konrad, Oscar und meiner wunderschöne Camilla, weil Ihr immer für einen kulinarischen Ausflug ins Blaue zu haben seid, weil Ihr daran denkt, mich zu wässern, wenn ich anfange zu verwelken, und weil Ihr mein Leben jeden Tag ein bisschen grüner macht.

© Prestel Verlag, München · London · New York, 2019
in der Verlagsgruppe Random House GmbH
Neumarkter Straße 28 · 81673 München

Die Originalausgabe erschien 2018 unter dem Titel *Evergreen*
bei Lindhardt og Ringhof
© Lindhardt og Ringhof Forlag A/S, 2018

Danke für Leihgaben:
C for ceramics
Gurli Elbækgård
Botyrrestrupdesign
Uh la la
MK Ceramics

Projektleitung: Julie Kiefer
Projektmanagement: Nicolas Weiß
Übersetzung aus dem Dänischen: Ricarda Essrich
Lektorat: Julika Zimmermann
Fotos: Anders Schønnemann
Stylistin: Sidsel Rudolph
Gestaltung: All the Way to Paris
Satz: Weiß-Freiburg GmbH – Graphik & Buchgestaltung
Herstellung: Friederike Schirge
Druck und Bindung: Livonia Print, Riga

Gedruckt in Lettland

Verlagsgruppe Random House FSC® N001967

ISBN 978-3-7913-8522-8

www.prestel.de